区域高等教育公共治理案例研究

——以宁波市为例

屈潇潇 著

北京理工大学出版社
BEIJING INSTITUTE OF TECHNOLOGY PRESS

版权专有　侵权必究

图书在版编目（CIP）数据

区域高等教育公共治理案例研究：以宁波市为例/屈潇潇著．—北京：北京理工大学出版社，2020.11

ISBN 978-7-5682-9293-1

Ⅰ.①区… Ⅱ.①屈… Ⅲ.①高等教育-教育管理-案例-宁波 Ⅳ.①G649.2

中国版本图书馆 CIP 数据核字（2020）第 238247 号

出版发行　/　北京理工大学出版社有限责任公司
社　　址　/　北京市海淀区中关村南大街 5 号
邮　　编　/　100081
电　　话　/　（010）68914775（总编室）
　　　　　　（010）82562903（教材售后服务热线）
　　　　　　（010）68948351（其他图书服务热线）
网　　址　/　http：//www.bitpress.com.cn
经　　销　/　全国各地新华书店
印　　刷　/　唐山富达印务有限公司
开　　本　/　787 毫米×1092 毫米　1/16
印　　张　/　10.5　　　　　　　　　　　　　　责任编辑／张文峰
字　　数　/　145 千字　　　　　　　　　　　　文案编辑／徐艳君
版　　次　/　2020 年 11 月第 1 版　2020 年 11 月第 1 次印刷　　责任校对／周瑞红
定　　价　/　55.00 元　　　　　　　　　　　　责任印制／施胜娟

图书出现印装质量问题，请拨打售后服务热线，本社负责调换

序
用案例学习提升管理水平

按照组织生态理论,任何组织都有生命周期。虽然历史经验表明,大学是生命周期最长的组织之一,但是历史上的象牙塔式大学是不与外界互动的组织,它通过传统的宗教赠予和贵族馈赠的方式获取资源,没有竞争压力,只要馈赠不断,大学就一直维系。市场经济的发展,使得大学(即高校)组织发展必须学会面对市场,面对组织外部的竞争压力,不断适应和满足外部的需求,来获得组织生存的资本。在现代社会组织中,高校已经成为社会生活的一部分,高校不断地通过市场交换与外界发生着各种联系,以此获得自身的持续发展。如今,作为社会组织的一部分,绝大多数高校已经不再以馈赠为存续的主要条件,高校只有成为开放的组织,勇于应对各种现实的挑战,才会使自身不断焕发生机与活力。因此,如何不断提高高校组织的管理水平,成为高校组织领导和管理时刻面临的问题。

毋庸置疑,提升高校组织管理水平主要有三种途径,即:自身经验积累、组织行为模仿和组织理论学习。目前,高校管理领域的文献大致分为两类:一类是思辨性的文献,作者基本不从事管理工作,多数作者从观察到的管理现象或问题来进行思辨型的分析,少数作者依据现代组织管理理论做规范性分析;另一类是管理者的工作文献,理论抽象和提炼不够,不能获得大多数管理者的认同。并且,这两类文献的可读性都不强。尽管成熟的组织管理理论已经为大量企业管理者提升管理水平做出了贡献，但是这些规范性分析在高校管理中影响非常有限。为了有效地将组织理论的规范性分析与高校的组织管理实践很好的结合，并且还要得到管理实践者的青睐，做高校管理案例研究是一种两方面都兼得的方式。

在福特基金的支持下，利用国家教育行政学院难得的高校领导者和管理者的培训平台，刘亚荣、李永贤、屈潇潇、陈霞玲四位博士，经过大量的访谈和调研，形成了以"高等学校领导力和组织变革"为主题的四本系列案例集，力图打造一批贴近高校管理需要的真实管理案例，融实践与理论为一体。案例不仅有详细的管理过程描述，也有管理规律的理论评析。这套案例集有如下特点：

一是案例的来源都是真实的。案例集所选取的案例，都来自近年来高校管理创新的实践与探索。在高校多年快速发展的过程中，管理者积累了大量丰富的管理经验。好的管理经验，在同样的国情下，更容易被模仿和推广。但是，经验模仿需要大量的具体信息搜集，管理者不能自己去调研，同行相斥的自然现象，也不能得到大量有效信息，管理者也没有时间对调查信息进行精细的提炼。因此，研究者就发挥专长，对无效信息进行剥离，对经验进行抽象提升，让管理者在学习案例时，既知其然又知其所以然。

二是融理论与实践为一体。管理的理论和实践的关系经常受到质疑，例如，我们经常听到这样的话："理论中或许可行，但在实践中却并非如此。"这是因为，理论通常是以一种便于学术交流的语言编码而成，这种编码，通常屏蔽了现实的情境背景，不那么容易为非专业人士所理解。其语言方式，也不是管理实践者的语言，"不食人间烟火"，很难落实到操作层面。而大量的实践管理者工作层面的经验汇集，又没有理论提升，难以扩大推广范围，在模仿的过程中往往不得要领，处于"知道怎么做，但不知道为什么这样做"的状态。而管理案例，正是把管理规律通过具体的管理事件以及背后的情境呈现出来。学习者通过真实的事件，不仅熟悉事件的真实描述，也在研究者理论分析的帮助下，获得一类事件中蕴含的理论逻辑，从而提升管理思维和水平。

三是可读性强。本案例集的叙事是实践者的语言叙事方式，学习和理解起来比较容易。课题组成员搜集了大量的一手资料，在陈述案例时，大量引用访谈管理者朴素的语言，陈述他们日常正在做的管理工作；经过研究者的理论提炼，呈现给读者"有用的语言"或"有效的语言"，将鲜活的案例呈现出来。因此，本案例集在组织管理理论的框架下，创新组织了实践者的语言来描述案例，天然地与高校管理者拉近了距离。

四是采取了小标题＋短小情节的叙事结构。对于一个大案例，读者可以进行选择性阅读，看每个小标题，就可以大致判断出自己对这个小标题下的内容有没有阅读兴趣，进而挑选自己感兴趣的内容阅读。而所有小标题加在一起，大概就是一个管理过程的理论框架。在此基础上，作者还给出一个"案例评析"，进行深层解析和提示，让读者更主动地提升管理规律性认知水平。

五是注重管理是一种实践的角度。管理学者注重管理的逻辑性层面，而管理实践者注重管理的艺术性和实践性层面。本案例选择实践者角度，虽然具有一定理论抽象，但案例本身注重管理过程的真实性，不太注重理论的逻辑性。应该说，任何组织的管理，都是一个持续改进、螺旋式上升的过程。通过对真实案例的描述，使读者不仅可以从中学到一些知识，也可以根据自己的经验对案例进行批判性阅读。任何管理改革都是不完美的，高校管理改革也不例外，管理者既要大胆质疑、不断创新，也要包容瑕疵，也许，现在的瑕疵就是下次改进的起点。

本案例集不仅适用于高校管理实践者的学习，也可以用于管理研究者的教学案例。

国家教育行政学院　刘亚荣

前　言

加快推进教育治理体系和治理能力现代化是实现教育现代化目标的重要内容之一。对高等教育而言，构建科学合理的高等教育公共治理模式是当前及今后高等教育体制改革的战略重点。

高等教育大众化进程给我国高等教育发展带来若干积极影响的同时，诸如教学质量下滑、大学生就业难、高校同质化等负面影响日渐突出。从"质量监管"到"结构重组"已然成为高等教育大众化时代打破高等学校"同质化"陷阱，实现高等教育与经济社会发展松散耦合，实现良性互动的理性选择[①]。

在传统的"两级管理"的体制下，地市级政府参与举办和管理的本科高校很少，但是随着高校办学自主权逐步落实，本科高校与当地经济社会发展联系愈加紧密，而地市级政府对辖区内高校特别是非部属省属高校可以发挥更多影响，这就涉及管理体制与公共治理服务需求之间的协调。在当前全球化和国际化影响下，借鉴治理思维，我国高校正在破除"行政化"的本土情境，建立"管办评"分离机制，形成各利益主体可以相对平等地对话与协商的现代大学制度，这是构建我国高校治理结构、推动高校办学自主权落地的基本策略。

在这样的政策背景下，高等学校与地方政府之间的关系如何定位，地方政府应该发挥怎样的作用，从而推动高校转型过程的顺利进行，是

---

① 姚荣. 中国本科高校转型如何走向制度化——基于组织分析的新制度主义视角 [J]. 教育发展研究, 2015 (3): 1-10.

目前许多地方与高校都在关注和探索的问题。本书就以公共治理的视角，以宁波市高等教育的治理模式为案例，进行深入而全面的分析，探讨地方政府与高校如何形成良性的互动关系，从而促进区域高等教育多样性局面的形成。

本书的研究框架如图所示。

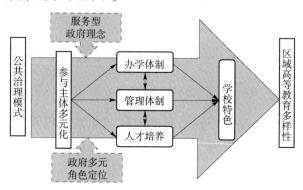

本书的研究框架

在治理视域下，治理理论主要有五个特征：

第一，治理主体的多元化。治理的主体包括政府，但又不限于政府。只要各种公共部门和私营部门行使的权力得到公众的认可，这些部门就可能成为不同层面上的权力中心，即可成为社会治理的主体。

第二，主体间责任界限的模糊性。治理主体间的责任界限存在一定的模糊性，问题的关键在于国家把原先由它独立承担的责任转移给私营部门和第三部门的同时，没有将相应的权力等量移交。

第三，主体间权力的互相依赖性和互动性。由于存在权力依赖关系，治理过程便成为一个互动的过程，于是政府与其他社会组织在这种过程中便建立了各种各样的合作伙伴关系。

第四，自主自治的网络体系的建立。多元化的治理主体之间的权力依赖与合作伙伴关系，表现在运行机制上，最终必然形成一种自主自治的网络。这一网络要求各种治理主体都要放弃自己的部分权力，依靠各自的优势和资源，通过对话来增进理解，最终建立一种公共事务的管理联合体。

第五，政府作用范围及方式的重新界定。目前公共行政的性质已经不适应时代发展的要求，必须改革政府，实现某种程度上的治理，重新界定政府的作用范围和作用方式。

总而言之，组织运行参与主体多元化是基础，政府不再是唯一的权力中心，不同利益相关者的加入促使政府与组织的关系从行政命令向协商转变。[①]

对我国高等教育而言，从"管理"走向"治理"不但是治国方略的重大转型，也是高等教育政策的根本转变。管理逻辑强调政府"自上而下"的一元控制；治理逻辑强调政府与其他利益相关者通过互动建立平等伙伴关系，共同应对公共事务，这是一个"自上而下"和"自下而上"相结合的过程。从"管理"走向"治理"，为中国高等教育变革提供了巨大的制度创新空间[②]。从治理的视角来看我国高等教育，政府只是高校的办学主体之一，引入专业组织、社会资本等多样化的办学主体首先带来体制上的差异，举办者自身的属性和特点也可以带来差异化的办学理念与定位，在政府公共服务理念下，学校通过管理体制以及人才培养与科学研究等方面的个性化探索，形成了区域高等教育多样性的局面。

本书首先从办学体制、管理体制和人才培养三方面对宁波市域本科高校治理体系的多样性特征进行整体性分析，在此基础上探讨宁波市形成区域高等教育多样性的原因，即中央政府、省级政府和宁波市政府对区域内高等教育治理的定位、指导与协商机制。在接下来的章节，本书同样依照该研究框架对域内七所本科高校的发展改革进行深入的案例剖析，一方面探讨学校特色形成的过程与影响因素，另一方面也呈现出地方政府在公共治理模式下如何与高校建立良性互动关系。

[①] 魏涛. 公共治理理论研究综述 [J]. 资料通讯, 2006 (Z1): 56-61.
[②] 周光礼. 中国高等教育治理现代化：现状、问题与对策 [J]. 中国高教研究, 2014 (9): 16-25.

目　录

第一章　区域高等教育多样化发展中的地方政府与高校 …………… 1
　一、宁波高等教育治理体系特征 ………………………………… 2
　二、中央和省级政府对宁波市域内本科高校的宏观管理 ……… 6
　三、宁波市政府在区域高等教育治理体系中的定位 …………… 9

第二章　宁波大学——吃好"百家饭"的侨资大学 ………………… 15
　一、第一口饭——侨资捐赠 ……………………………………… 16
　二、第二口饭——政府支持 ……………………………………… 20
　三、第三口饭——地方经济 ……………………………………… 27
　四、始终以学生为本的人才培养 ………………………………… 30
　五、"浙江模式"独立学院的开创者 …………………………… 33
　【案例评析】……………………………………………………… 37

第三章　浙江大学宁波理工学院——政府与一流大学的联姻 …… 39
　一、市校合作创新高等学校办学模式 …………………………… 40
　二、以高水平应用型人才为导向的办学探索 …………………… 44
　三、管理改革三部曲 ……………………………………………… 51
　四、敢问路在何方 ………………………………………………… 57
　【案例评析】……………………………………………………… 60

第四章　浙江万里学院——高等教育体制改革的弄潮儿 ………… 63
　一、改头换面 ……………………………………………………… 64
　二、大步向前 ……………………………………………………… 69

三、体制红利释放以后 75
　　【案例评析】 80

第五章　宁波诺丁汉大学——中西合璧、公私合营的潜力型高校 83
　　一、建校动议——站在巨人的肩膀上 84
　　二、管理的融合与制衡 88
　　三、中外合作大学需要党委和党建工作吗？ 93
　　四、与国际接轨的人才培养质量保障体系 100
　　五、国际化还是本土化？ 101
　　【案例评析】 102

第六章　宁波工程学院——夹缝中成长的"嫡系"高校 105
　　一、艰难的"专升本"之路 106
　　二、应用型本科的管理转型 109
　　三、应用型人才培养的升级之路 109
　　四、与政府微妙的关系 116
　　【案例评析】 118

第七章　宁波大红鹰学院——游走于市场与政府边缘的民办高校 121
　　一、学校发展之路 122
　　二、内部管理体制——稳定与灵活并存 124
　　三、办学定位与人才培养——草根与创新是根本 129
　　【案例评析】 135

附录　宁波市高等教育公共治理模式的相关研究摘录 137
　　寻找推进高等教育公共治理的突破口 137
　　地方政府在高等教育发展中的利益与作用 141
　　服务型区域教育体系的实现路径 145
　　以绩效评价促进宁波高等教育质量体系建设的实践探索 150

后记 153

第一章
区域高等教育多样化发展中的地方政府与高校

在各地区高等教育越来越趋同的时代，宁波高等教育呈现出异彩纷呈、百家争鸣的态势，地方多科性高校、地方综合性高校、公办民助、独立学院、民办高校、中外合作办学等几乎所有的高等教育办学形式都能在宁波找到对应的样本，尤其对于本科院校而言，更是形成了一校一模式的多样性局面。但是在1999年高校扩招之前，宁波市仅仅拥有4所高校，其中本科1所，而到2008年，宁波市普通高校的数量达到14所，其中本科7所。在短短10年的时间里，该地区高等教育实现了从量变到质变的飞跃。为什么宁波能够形成区域高等教育多样性的局面？带着这样的问题，我们对宁波市高等教育，尤其是本科院校，进行了深入调研，以期对该问题进行回答和解释。

一、宁波高等教育治理体系特征

整体而言，宁波高等教育呈现的多元化发展态势有以下几个特征，即举办者多元化、经费来源多元化、办学模式多元化、市场定位多元化，具体如表1所示。

表1　宁波市高等学校基本情况

学校名称	举办者	主要经费来源	办学模式	市场定位
宁波大学	个人捐资	生均经费：省45%，市55% 基建经费：捐赠、学费	中央—省—市三级共建	应用研究型复合人才
宁波大学科学技术学院	宁波大学校办企业	学费、捐赠	以大学为办学主体的独立学院	地方应用型人才
浙江大学宁波理工学院①	市政府—浙江大学	学费、市政府	市—校合作的独立学院	理工类应用型人才
浙江万里学院	浙江省万里教育集团	学费、市政府	教育集团办学	文经类应用型人才
宁波诺丁汉大学	市政府—浙江省万里教育集团—英国诺丁汉大学	学费、市政府、捐赠	中外合作办学	具有国际视野的研究型人才
宁波工程学院	市政府	学费、市政府	市政府办学	"现场工程师"
宁波大红鹰学院②	宁波大红鹰教育集团	学费、市政府	产业办学	"中小企业首选"

---

① 浙江大学宁波理工学院于2020年正式更名为浙大宁波理工学院，由于文章成稿于更名前，因此本书仍采用旧称。

② 宁波大红鹰学院于2018年正式更名为宁波财经学院，由于文章成稿于更名前，因此本书仍采用旧称。

(一) 办学体制

改革开放以来，宁波市发达的经济发展水平与匮乏的高等教育资源形成了鲜明的对比，在高等教育大众化发展的背景和宁波市"教育兴市，人才强市"的战略下，社会力量的参与促使宁波市在最短的时间内不仅扩充了高等教育资源，更形成了多样化的办学体制。与其他地方社会力量参与办学所不同的是，宁波市更加注重社会力量参与办学的捐资传统和对知名大学等专业组织的依赖。

1. 社会力量的捐资传统

宁波大学由"世界船王"包玉刚先生捐资5000万元外汇创立，在学校建立伊始就确定了侨资捐资办学的定位，因此，学校的基础设施基本是由华侨捐资建设，形成了学校每座大楼都以捐资人命名的传统。吃"百家饭"的宁波大学累计已有香港、台湾等地多位宁波籍华侨人士向学校捐赠，其中大部分用于学校硬件建设，也有少部分以奖学金、教学基金等形式用于软件建设。宁波大学捐资建校的传统使其具有较高的办学效率。对宁波大学的校长而言，除了向宁波籍华侨募捐，每年还要向捐资方汇报学校的发展情况，这些互动促进了学校的发展和办学质量的提高，也相应地带来了更多的捐资。

宁波大红鹰学院作为纯民办类高校，其办学主体为原宁波卷烟厂，这种国有企业的身份决定了学校捐资办学的属性，因此，学校能够实现不求任何回报的公益性办学，避免了以营利牺牲办学质量的问题，也为学校的发展带来较大的办学自主权，使得学校从建校就一直遵循着高等教育的发展规律和价值取向。

2. 对专业组织的依赖

对于宁波市而言，新建一所高校最大的障碍不在于缺乏资金，而是缺乏专业人才与资源，因此借助一些知名高校等专业组织的力量成为宁波市高等教育资源快速扩张、实现高层次办学的有效捷径，站在巨人的肩膀上缩短了宁波市高校发展的历史过程。

成立于2001年的浙江大学宁波理工学院是宁波市政府全资出资,引入浙江大学优质教育资源成立的高校。学校在办学体制上是浙江大学的独立学院,因此在学科建设、师资与管理体制上都受到浙江大学的大力扶持。创建之初,浙江大学宁波理工学院的管理干部、二级学院院长、学科带头人都由浙江大学派驻,学校自己培养的干部也有机会到浙江大学挂职锻炼,而考进浙江大学宁波理工学院的学生,经过省政府特批,第一年前10%的学生则能够进入浙江大学学习。

宁波诺丁汉大学作为中外合作办学的高校,则借助英国诺丁汉大学优质的办学资源,使用英式成熟的人才培养与科学研究模式,在短短的几年时间内快速成长为浙江省仅次于浙江大学的普通高校。

宁波大学在建校之初,教育部就确定了北京大学、中国科学技术大学、浙江大学、复旦大学等五所高校对学校进行援建。学校五个系的系主任和教授都由援建学校的专家派驻担任,这为宁波大学开放包容的办学理念奠定了基础,至今宁波大学的这些学科都与援建学校还有着密不可分的历史渊源。宁波大学科学技术学院作为浙江省独立学院"浙江模式"的开创者,其重要的特点就是母体学校——宁波大学在管理体制、人才培养、师资等方面对其独立学院的全面影响。

(二) 管理体制

办学体制的多样化决定了管理体制的多样化。在宁波市的高校中,具有鲜明办学体制特点的高校在管理体制方面也都异彩纷呈,其中以浙江大学宁波理工学院、宁波诺丁汉大学、浙江万里学院为典型代表。

浙江大学宁波理工学院在转制之前实行的是双理事长结构,即由宁波市市长和浙江大学校长共同担任理事长,理事会成员有市委副书记,分管教育的副市长、副秘书长,以及教育局局长、副局长,浙江大学的阵容是常务副书记、教学副校长、秘书长和两办主任。理事会每年召开一次会议,共同商议学院发展规划等重要议题。

宁波诺丁汉大学实行理事会领导下的校长负责制,归纳起来是两个系统、三个层面。一是理事会-校长执行团队系统。在理事会的下面有一个学校行政会议、学校校长团队，再下面是一个执行团队，类似于我国高校的学生事务工作中心、教务中心、人事部门等职能部门。二是党委系统，通过党委成员多种形式的参与对学校的办学起到监督、沟通的作用。党委系统与理事会－校长执行团队系统的交叉体现在党委书记是理事会成员和执行理事会人员，副书记是学校行政会议成员，对学校具体办学事务有决策权；另外，书记与校长还有两周一次的沟通会议制度。

浙江万里学院是由浙江省万里教育集团投资经营的，其举办者浙江省万里教育集团是在国有企业办学的基础上注册的民办事业单位。教育集团的资产包括一部分国有资产和办学者通过经营滚动起来的增长部分，人员构成也有一部分国有事业编制，这部分编制的拨款虽然历史上没有增长，但是始终保留拨付。在这种产权结构下，浙江万里学院实行类似企业的法人治理结构，即由法人代表成立的董事会下的执行校长负责制。

（三）人才培养

在办学体制和管理体制多元化的基础上，宁波市的每所高校都形成了一定的办学特色，如宁波诺丁汉大学以工科专业为重点培养研究型人才，宁波大学培养综合性的应用研究型人才，宁波大红鹰学院则定位于中小企业的首选大学，浙江大学宁波理工学院和宁波工程学院以应用型人才为目标，致力于培养现场工程师，实现了从办学体制到管理体制，再到人才培养的区域高等教育多样化发展格局。

宁波诺丁汉大学人才培养的定位是具有国际视野的一流人才。学校借助西方崇尚的批判精神、张扬主体的教育理念，以研究性、讨论性的教学方法注重培养学生的创新精神和能力。

宁波大学的人才培养则淡化了专业，利用平台加模块的人才培养模式改革实现通识教育与专业教育的融合。学校从 2008 年开始建立"阳明学院"，在全校范围实行按类招生，从选专业、选教师到选课程、选学习进程，让学生自己决定自己的成长方式。选教师就是教师要通过自己的教学设计吸引学生；选课程就是做好课程的组合；选学习进程，就是学生可以根据自己的情况，安排自己的学业进度。如果连续 3 年没有学生来选这个教师、这门课、这个专业，那么就会面临被取消的风险。学校以学生为主体，以教师为主导的办学理念，更加凸显学生的地位。

浙江大学宁波理工学院应用型复合人才培养的一个重点是从课程、专业、行业或产业三个层面保障实践教学自成体系。第一个层面是课程层面，课程之间实践环节要衔接，课程内部要成系统。比如，开十个实验，第一个可能是单元操作，后面依次是复合型、综合型或者研究型的实验，实现从验证型实验向综合型实验转变。第二个层面是专业层面，一个专业开了很多实验、实践环节，但课程实践环节之间要有机联系。第三个层面是行业环节或产业环节。

在宁波市高等教育多元化治理体系下，政府、市场与专业组织都不同程度地对各高校的发展发挥作用，三种力量的相互制衡与补充形成了宁波市区域高等教育的图谱，具体如图1所示。

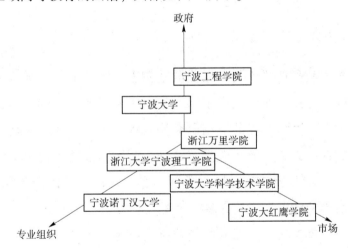

图1　宁波市区域高等教育图谱

二、中央和省级政府对宁波市域内本科高校的宏观管理

在我国，高等教育属于准公共产品，无论高校的举办者是谁，都要接受教育主管部门的行政管理和业务指导。就宁波市的高校来看，举办者有省政府、宁波市政府、华侨、民办教育集团和浙江大学，但管理者按照法律规定应该只有两个——中央和省政府的教育主管部门。

中央和省政府对高等教育行政管理的角色和内容并没有明确的法律依据。虽然《中华人民共和国高等教育法》赋予高校七项办学自主权，但是没有规定政府与高校的管辖分权。社会也在一直呼吁政府放权，赋予高校自主权，但政府仍然延续既往的行政管理方式，对高校办学的各个方面都有指导和管理职能。

具体来说，在对高校的各项事务管理中，普通高校设置权、招生计划总额、研究生学位点、国家级重点学科审批、专业设置、学生学籍管理、教学评估等重要权限仍然在教育部审批，其他都已经归口到省级政府。省级政府要对本地区的高等院校进行政策引导、统筹规划、组织协调、资源配置、信息服务、检查评价等。其具体权限包括：①贯彻执行国家的方针政策、法律法规，制定地方性高等教育政策，并对本地区高校的执行情况予以检查指导；②根据本地区经济、科技和社会发展的需要，制定地方高等学校的发展规划，调整高等教育的布局和结构；③根据地方的实际，依照国家的高校设置标准，设置、撤销和合并地方办的高等学校；④组织领导招生，指导毕业生就业；⑤加大高等教育投入的力度，负责地方高校的教育经费预算的分配和决算的审核；⑥审批地方高等职业教育年度招生计划和学校设置；⑦任免地方高校负责人，组织和指导地方高校的专业技术职务聘任工作①。除此之外，省级政府还具有指导地方高校思想政治、教学、科研和后勤工作，组织本地区高校的教育质量检查与评估等权限和职能。初步判断，省级政府已经拥有大部分自主办学的权限，并且这些权限可以直接延伸到学校内部管理事务，如人事、财务、学生管理、教学管理等。

从宁波市高等教育管理的案例来看，中央和省政府对宁波市高校的主要监管作用包括以下几点。

（一）资源配置

财政性资源配置是政府重要的资源配置功能，这种财政手段主要表

---

① 赵雷. 试论省级政府统筹管理和高等学校自主办学的协调 [J]. 煤炭高等教育, 2004 (2)：26-28.

现在生均拨款和专项经费上。由于中央和省政府的财政手段面向的是其作为举办者的高校,这就严格地限制和绑定了学校享有这一资源的身份,即非中央和省级政府举办的高校,基本被排除在参与中央和省的资源分配资格之外①。

在宁波市的7所本科高校中,宁波大学是唯一的属于省部共建的高校,除了获得本科生均拨款45%的省级财政拨款,还可以参与国家级重要的学术资源竞争,但是其他几所高校则基本没有这样的待遇。当然,宁波大学由于是宁波唯一的省属公办高校,也是本地区学术水平最高的大学之一,相应地获得了大部分省里分配给宁波市的学术资源或者评价称号。

浙江万里学院、宁波诺丁汉大学和宁波大红鹰学院虽然都隶属省级政府管辖,但是由于是民办高校,很少能够获得公共财政资源支持。但是,教师个体可以相对公平地参与学术项目的竞争。

浙江大学宁波理工学院和宁波工程学院的举办者是宁波市政府,由于宁波市是计划单列市,市财政与浙江省财政相对并列独立,所以省内的资源分配对象并不包括宁波市,因此这两所学校无法获得省财政资源的支持。但是在宁波市政府的协助和争取下,市属高校都能够参与省内的竞争性项目,但是只给名号,资金的划拨则由宁波市政府解决。

(二) 审批职能

审批职能是政府最彰显行政力量的职能,主要包括建设规划审批、办学资格审批、专业和学科的审批、招生计划审批等。

在高校设置和布局审批方面,1999年扩招以前的高校布局基本上是过去省政府来进行配置的,宁波市作为浙江省的计划单列市,1998年仅有1所本科、4所专科。扩招后,高职专科审批权下放给省级政府,很多城市开始大力发展专科,宁波市不仅借机重点发展高职,也通过多种渠道新举办了4所本科高校,并升格了2所专科学校。

在项目审批方面,宁波市政府和高校在涉及水平性的审批项目上受到较

---

① 张力,刘亚荣. 浙江省宁波市域内本科高校公共治理模式分析 [J]. 中国机构改革与管理, 2014 (Z1): 48 - 51.

大的局限。以重点学科或者学位点的审批为例,由于前期浙江省对宁波市布局的高校少,其研究生学位点也少,而现在的学位点审批是配给式的分配名额,并没有按照办学水平来配给,所以宁波市一些高校虽然已达到可以培养研究生的水平,但是省政府却已经不对宁波市打开学位点资格申请的窗口。

三、宁波市政府在区域高等教育治理体系中的定位

按照现行法律,宁波市作为副省级城市,在高等教育事业发展中只能扮演举办者角色。但是,作为少数计划单列市和经济发达地区,为促进本区域社会经济发展,宁波市探索出一种促进高等教育与社会经济发展良好互动的治理模式。

宁波市高等教育发展如此迅速,办学形式如此多样,得益于宁波市教育主管部门始终秉持着"构建区域高等教育生态"的发展理念,其中多样化和自主性是两个核心概念。

> 在一个生态系统中,每个成员都可以自我发展。如果都是一种模式管理,或者发展受到制约,就不会有多样性,从而也不会形成与环境相适切的生态型生长机制。这是政府在宁波高等教育发展中一直秉持的基本特色之一。(宁波市教育局副局长胡赤弟访谈笔录)

要想保持一种生态分布,就需要存在多样性个体,而要想具备个体的多样性,就需要保证每个高等学校的自主性发展权力。在这个发展理念下,宁波市政府首先明晰角色定位,针对不同的角色对本区域高等学校采取多样化、综合性的治理方略。

(一)作为举办者,有效运用各种资源配置手段,支持各类高等学校发展

1. 加大专项经费投入,充分利用经费杠杆,引入多种办学模式

经费管理是政府调节高校多样性的重要手段之一。在高等教育财政

政策上，主要分两块：一是生均经费，由学校的隶属性质决定，部属院校是中央财政保证，省属高校是省财政保证，市属高校由市政府提供经费，民办体制高校主要是靠学费来保证；二是专项经费，不分学校隶属性质，平等竞争。宁波市政府在经费管理方面的做法就是生均经费拨款尊重体制差异，利用专项经费拨款作为杠杆平衡各高校的经费支持。

高校办学体制的差异是形成区域高等教育多样性的重要基础，宁波市的7所本科高校中仅有宁波工程学院是市属院校，宁波大学是共建高校。在生均经费方面，宁波市没有因为财政的富足而向所有高校进行相同标准的生均经费拨款，而是尊重办学体制的差异，仅对市属的公立高校进行全额的生均拨款，对共建的宁波大学进行55%的生均拨款。财政的专项补贴既要尊重现在的体制多样性特点，又要鼓励学校为社会作出贡献，同时也能够使学校形成自己的特色，因此一些短期的、专项补贴能够很好地发挥财政杠杆的作用，使学校更好地为社会服务，也有利于形成特色，还能够继续保留体制的多样性。

在尊重高校现有体制特点的基础上，宁波市政府从鼓励高校人才培养服务地方经济社会发展的目标出发，结合每所高校的办学特色给予相应的专项经费补贴，其补贴范围几乎覆盖了所有的高校。例如，为了鼓励宁波诺丁汉大学为宁波培养更多的工科国际化人才，政府对其工科专业每年提供生均1.8万元的补贴；在宁波市确立了海洋经济的发展战略后，宁波大红鹰学院在组建大宗商品学院过程中获得了市政府5000万元的专项补贴，宁波大学的海洋专业获得了1亿元的专项拨款；宁波工程学院在2012年作为首批高校加入"卓越工程师教育培养计划"后，市政府给予了500万元的专项拨款。

2. 提供规划、财政和土地政策，推进高教"园区化"发展

这种高等教育发展模式主要是指目前我国大中型城市采取建立高教园区和大学科技园区的方式，促进地方高等教育跨越式发展和产学研合作。宁波市高教园区化发展模式实现了以下效应：

首先，它是有效配置资源的重要形式。政府在城市规划的指导下，综合运用土地、财政、金融等手段，为高教园区发展提供有利的制度环

境。宁波高教园区总投资为 40 亿元，其中 1/4 为政府投资，其余为社会投资，这种方式有效促进了地方政府投资，起到了示范带动作用。其次，它是提升高等教育功能的重要手段。宁波市高教园区建设提出"集教育、文化、旅游、生态于一身的多功能高教园区"，发挥了高等教育对于经济和社会的综合作用。最后，它是大学制度创新的有益探索。如高教园区内各学校之间可以实现互选专业、课程等，形成一些"教学共同体"，还可以与开发区、高新技术园区两区互动等，有效推进了高等教育产学研一体化的进程。

3. 完善市场供求机制，支持高校办学模式创新

宁波市高等学校办学主体多样化，得益于宁波市没有拘泥于政府办教育的传统模式，而是开放办学，只要社会上有办学意愿的主体，都采取支持扶持政策。如浙江万里学院与英国诺丁汉大学合作创办的宁波诺丁汉大学就是在宁波市政府的大力支持下，引进国际优质高等教育资源的创新举动，它不仅对我国高等教育国际化产生重要影响，作为一种新形态大学也丰富了我国大学制度的建设与实践。

（二）作为管理者，秉承服务型政府的治理理念，尊重高校自主权

1. 以高校为服务中心，确立服务型政府的治理理念，尊重高校个性化发展

在传统的政府管理理念下，很多地方政府由于没有举办高等教育的直接责任，也没有管理本地高校的权力，所以实际上与本地高校并没有建立密切的联系，就更不用讲政府服务高校的理念。但是对宁波市高校而言，很多高校在建校之初就获得了来自市政府在土地、财政、规划等多方面的支持，在获得地方政府支持的同时也形成了相互信任的关系，这为服务型政府的治理理念奠定了重要的基础。

在服务型政府的理念下，地方政府对高校的态度从过去指令性的管理行为转变为沟通协商的谈判机制。因此，政府能够充分尊重学校的自主权，避免推行一刀切的政策。无论是在专业设置，或者办学模式的设

定，还是特色的选定，政府都以鼓励的态度尊重高校的选择，并根据学校在发展过程中遇到的困难，结合本地发展的战略方向，有针对性地出台一些支撑政策，实现"政府服务学校，学校服务经济社会、服务宁波"的最终目标。

从本质上来讲，公共治理的理念是行政管理的延伸，除了正式的管理权力，它还能够以非正式的方式对高等教育施加影响，通过协商等形式可以去触及行政管理所不能触及的范围①。

2. 以尊重高校自主发展为本，在相互协商的基础上，保证相对公平的生存空间

在传统的高等教育管理方式下，高校办学体制的差异不仅意味着经费投入的差异，更暗含了政府对非体制内高校基本政策保障的缺失，先天发育的不足直接导致这些高校生存空间的萎缩，导致高等教育发展同质化的现象。而宁波市能够形成多种办学体制共存的多样性区域高等教育系统，其重要原因之一就在于它为区域内所有高校（包括非体制内高校）都提供了基本的政策保障，使各高校有相对公平的生存空间。严格意义上讲，宁波市的7所本科高校中仅有宁波大学和宁波工程学院属于体制内的高校，但是其他5所高校同样获得了事业单位的身份，这样的基本政策保障对保持宁波市高等教育的多元化具有重要的意义。

由于每所高校获得了基本的政策保障，宁波市政府与高校之间建立了一种信任关系，这为个性化服务政策协商奠定了重要基础。但是宁波市政府在为高校提供各种支持的同时也很尊重高校的自主性，而不是大包大揽地管理。

3. 基于地方社会发展的利益诉求，搭建资源桥梁，实现多方利益共赢

高校与政府的关系实际上在不同层级的政府层面有不同的反映。中央和省级政府才具有举办高等教育的责任，这是一种法律约定的责任；

---

① 刘亚荣. 寻找推进高等教育公共治理的突破口 [N]. 社会科学报，2014-06-12（改革实践）.

而对于宁波市这样的市级政府，它对本地高校扶持的根本目标并不在于高等教育本身，而是将其作为地方经济社会发展的重要支撑，这是地方政府在发展高等教育方面的特殊利益诉求。因此，宁波市政府不得不想办法采取多样化生态型的发展模式，逐渐合理化本地高等教育布局，以满足社会经济文化发展的需要。

对高校而言，随着市场经济对高等教育影响不断扩大，高校的人才培养与教学科研需要与市场建立紧密的联系，但是在长期行政管理方式下，高校难以获得与市场、企业建立联系的渠道。实际上，能够调动企业资源，与区域经济产生直接影响的，往往是基层政府，然而地方政府由于没有高等教育管理的权力，难以引导本地的高校服务地方。高校与地方政府难以理顺关系，就无法达到利益共赢的局面。

但是在服务型政府的公共治理理念下，宁波市政府对地方高校的支持就突破了管辖权力的限制，在高校与市场之间充当了桥梁作用，为多方资源的整合提供了良好的环境，通过引导高校学科发展与地方产业升级的结合，有效地实现了地方政府发展经济的根本目标。以宁波市人才培养基地建设为例：为了提高高校人才培养与市场需求的契合程度，实现行业参与办学目的，宁波市教育局在2005年就进行了行业参与教育管理体制的改革，出台《行业参与教育管理体制改革意见》，在制度上对行业参与办学予以认可，从体制上打通行业主管部门参与办学的通道；政府还牵头成立行业产业办学领导小组，以行业主管部门为领导小组主任单位，教育局为副主任单位。通过人才培养基地的平台，协调了各行业企业与高校相应学科专业的合作。

（三）作为协调者，从公共治理的角度出发，积极协调多元主体关系

1. 协调学校与上级政府的关系，帮助区域内高校获取更多的资源

浙江大学宁波理工学院在建校初期，发展迅猛，依托浙江大学在办学水平上有了非常大的提升，但是由于独立学院身份的限制，学校招生一直在第二批次，大大影响了学校向应用研究型大学目标的发展，学校就希望将招生列入第一批次。虽然这已不属于宁波市政府的管辖范围，

但是宁波市政府并没有放之不管,而是主动出面与省级政府沟通,大大减少了学校的相关工作。同样的,在宁波诺丁汉大学建校审批方面,宁波市政府也与校方一起共同参与和教育部的沟通工作,减少了学校在审批上的难度。

2. 协调学校与地方经济社会的关系,促进高校产学研合作

地方政府之所以能推进产学研合作,是因为地方政府是地方经济社会发展环境的营造者、维护者,又掌握着诸多职权和经济社会资源,有条件、有能力成为推进产学研合作的重要力量,并对产学研合作进行引导和规范。宁波市政府积极支持构建以企业为主体的区域创新体系,引导符合本地经济社会发展需要的高校学科专业与产业链对接,市政府从建设投资环境和推进产业政策的角度,鼓励高校深度开展产学研协同创新。以宁波大学为例,学校近年来获得国家级科研项目中80%的研究项目都与宁波区域经济发展密切相关,学校70%以上的专利和成果被应用于宁波市相关行业的生产实践①。

---

① 宁波市服务型教育体系建设初见成效[EB/OL]. http://old.moe.gov.cn/publicfiles/business/htmlfiles/moe/moe_1770/201004/83657.html[2017-01-22].

第二章
宁波大学
——吃好"百家饭"的侨资大学

1986年建校之初,宁波大学还只是一个点缀在大片农田上的小小校园,校园里的建筑寥寥可数,只有一幢行政楼、两幢教学楼和几幢学生寝室。农民和耕牛就在教室外不远处的农田里劳作,学校被人们戏称为"早稻田大学""牛经(津)大学"。①经过三十多年的发展,宁波大学已经成为浙江省属高校学科分布最广的综合性大学,并在2017年入选国家"双一流"建设高校,从一个幼儿成长为朝气蓬勃的青年。

在介绍宁波大学的时候,时任副校长难掩心中的骄傲和对未来的憧憬。他畅谈宁波大学的建校过程,并坦然承认宁波大学是在众多祖籍宁波的港澳台商人持续不断的支持下,才有了今天的发展。"百家饭"一词也就在这个过程中凸显在笔者对宁波大学的认识中。事实上,随着对宁波大学了解的深入,笔者越发觉得,宁波大学不仅是吃好了侨资这碗"百家饭",更在不断成长的过程中吃好了"政府饭""经济饭",这一切成就了宁波大学独特的办学理念和特色。

一、第一口饭——侨资捐赠

(一) 发端于侨资办学

20世纪80年代,全国各地都开始了兴建地方性大学的热潮,宁波也是其中之一。说起宁波大学的创立,就不能不说当年宁波的经济发展和香港环球航运集团主席包玉刚先生的返乡经历。

> 宁波经济的发展一直是为宁波人自豪的,当时还处于改革发展的起步阶段,但是势头已经起来了,中央也给出很大的支持。宁波的城市地位不断提高,被确定为沿海改革开放城市,同时也是四个计划单列市之一。但是经济拿得出手,可学校却拿不出手。宁波一直没有一所自己的,能配得上宁波经济发展水平的大学。包玉刚先生正好回访家乡,他发现了这个问题,

---

① 选自《宁波大学校史》序言。

认为经济发展离不开大学,对家乡没有高质量大学,优秀人才流失严重的问题深表忧虑。(时任宁波大学校长访谈笔录)

这段经历使得包玉刚先生萌发了捐资办大学的想法。在1984年年底他与耿典华市长的会谈中明确了出资兴办宁波大学的意向,同时决定将他出资兴办的大学捐赠给国家,由政府具体负责办学。事实上,包先生作为著名的侨胞,不仅在捐资办学的过程中给予了大量实质性的帮助,在大学建立之后的相当长的时间里,都因其巨大的影响力而惠及学校。

> 包先生是香港回归起草委员会的委员,也是改革开放以来对大陆的资助最多的侨胞之一。(包先生)对国家的贡献很大,与小平同志的关系也非常好。正是包先生与中国各级政府的关系好,使他捐资创办宁波大学的爱国爱乡之举,得到中央的高度重视,这就让宁波大学在建校初期能得到政府和社会的大力支持。应该说,包玉刚先生对宁波大学建立的影响是极其广泛和深远的,在很长的时间里,宁波大学都被视作"包玉刚大学"。(时任宁波大学校长访谈笔录)

围绕宁波大学的办学构想,宁波以及关心宁波的有识之士是经过深思熟虑的。不少知名学者认为,宁波大学应是与社会充分结合,不脱离生产和社会,真正有特色的"新型综合性大学"。

> 1985年年初,宁波市政府召开"筹建宁波大学座谈会",邀请了在外地工作的宁波籍学者谈家桢、朱兆祥、俞茂宏、陈冠商、金永昕,宁波市人大、政协以及教育界著名人士,省、市政府领导等30余人就宁波大学办学事宜进行了讨论,会议一致通过了三点建议:(1)以改革精神办成一所新型大学;(2)以高速度、高效率办好大学;(3)大学要有高水平,不仅在校舍建设,而且在培养学生方面都要高水平。(宁波大学校史摘录)

应该说,"新型的综合性大学"办学构想的形成,迎合了当时对宁波建立一所新型地方大学的设想,也迎合了包玉刚先生对"宁波大学应该办成一所什么样的大学"的思考,他希望"宁波大学初期以理工科为主,然后逐步扩展为综合性大学",这是学校创建阶段的一项重要成果。

(二)"宁波帮"人士捐资助学

然而,有了包玉刚先生的捐资建校,宁波大学在相当长的一段时间内,并不能调动"宁波帮"人士捐资的热情。

> 由于建校以来都是包玉刚先生出钱建学校,所以宁波大学在政府那里一直没有基建账户,学校除中央和省、市政府的日常经费供给外,其他如基建、设备、仪器和图书等资金来源都是由包玉刚先生一力承担,没有其他捐赠。主要原因是在当时,海外"宁波帮"人士普遍认为"宁波大学是包玉刚大学",多有"不便插手"之虑。(时任宁波大学校长访谈笔录)

1991年9月,包玉刚先生逝世,使起步不久的宁波大学陷入发展经费没有着落的困境。大部分硬件设施的建设甚至步入"断炊"的境地。为了走出困境,学校领导千方百计争取各方面的支持,在继续加强与包氏家族的联系和沟通,积极争取支持的同时,进一步加强了与众多海外"宁波帮"人士的联络工作。正是在这一过程中,更多的宁波籍人士走入学校的视野。

香港荣华公司董事长赵安中先生成为宁波大学的"贵人",在他看来,宁波大学的困难是需要有人登高一呼的,发动海外各界社会贤达、宁波乡亲共同捐资,以此来改变学校当时的困境,使它得以继续发展。

1995年,赵先生在自身财力相对有限的情况下,毅然捐资200万元,助建学校会堂——"林杏琴会堂"。他的"破冰"之举,在海外"宁波帮"人士中引起强烈反响,许多海外宁波籍人士打消了原先的顾虑,纷纷慷慨解囊。从1995年4月到1996年10月宁波大学十周年,一年半的时间,就先后有8位海外宁波帮人士捐助学校的校舍建设项目和设立奖学金,总额超过1700万元。

自此,宁波大学有了更加广阔的捐资来源,开启了一个众多海外宁波籍人士共同支持学校建设发展的新时期,开始成为吃"百家饭"的学校。也是从这一刻起,宁波大学成为更具知名度的"侨资大学"。

（学校）现在累计有香港、台湾等地的60多位宁波籍人士向宁波大学做过捐赠，大部分是硬件的，也有少部分是软件的，如基金、奖学金、教学金，是名副其实的"侨资大学"，这是教育部都认可的四所侨资大学之一：宁波大学、深圳大学、暨南大学、汕头大学。这四所大学每年都开展活动，交流侨资学校管理经验。（时任宁波大学校长访谈笔录）

（三）捐资者投入成为独特的经费来源

作为侨资办学和政府支持的地方综合性大学，宁波大学的经费来源相对其他地方高校有着比较显著的特点。但是"百家饭"并不容易吃，宁波大学后续一系列在校园建设和教学发展上的举措都与吃"百家饭"休戚相关。

按照建校时的权责划分，宁波大学的校园建设费用由包玉刚先生出资，随后的发展情况是宁大的基础建设的经费主要来自港台人士的捐资，同时也有政府提供和学校信贷的补充。学校自己有一个校友基金会，通过教育发展基金吸纳港台人士的捐资，并按照他们的要求投向校园建筑的修建和维护。（时任宁波大学校长访谈笔录）

捐赠这种形式从一开始就决定了其不稳定的特点，这使得捐赠所得的经费并不好用。捐赠者不仅在捐资的同时会提出若干使用的要求，更重要的是学校对经费的使用效率和效果将直接决定学校未来获得捐赠的可能性。

宁波大学要向香港、台湾的捐资人报告学校每年的发展状况。所以宁波大学的校长有两个任务：募捐和向侨资方汇报学校发展情况。因为有这些互动，学校有了发展，别人看得到，捐资就越来越多。现在包玉刚的女儿、哥哥等家属都来捐赠。他们的捐资都已经体现在了以他们名字命名的学校建筑上。（时任宁波大学校长访谈笔录）

宁波大学在捐赠经费使用上的约束,也对宁波大学的校园发展产生了直接的影响。

> 宁波地方政府对整体基建有规定,同时捐资者对校园建筑往往也有自己的要求,从个人的角度来讲,捐资者更希望自己的捐资能够在独立的建筑上体现出来,但捐资有限,又不愿多家联合,否则无法署名。多方面因素造成宁波大学的建筑都不高不大,建得都比较小。也正是因为捐资者相对青睐捐建教学建筑,因此学校的学生宿舍等建筑没有合适的来源,因此所有的学生宿舍都是由学校去贷款,然后由后续的学生住宿费用来偿还。(时任宁波大学校长访谈笔录)

与其他大学接受捐赠不同,侨资捐赠对于宁波大学来说绝非可有可无的补贴,可以说,侨资捐赠是宁波大学得以建校的第一桶金,也是宁波大学危难之中的续命金丹。侨资促成了宁波大学的建立,更在未来的发展中以其独到的方式影响着校园的建设,这一点可能是其他大学所不具备的特点。

二、第二口饭——政府支持

虽然是侨资兴建,但是宁波大学与绝大多数中国高校一样,都离不开政府的支持。而由于得天独厚的历史渊源,宁波大学与中央、省、市各级政府都建立起良好的联系,这为宁波大学的建立以及后续的发展都提供了不可忽视的助益。

(一) 建制于五校援建

对于宁波大学的建立,背后还是有一些特定历史时期的故事。

> 1985年年底,中央出了一个机要,就宁波大学的建校事宜提出了若干意见。宁波大学当时的定位就是侨资大学,但由中央、省、市三级政府管理,财政也是由三级政府各出三分之一

支持学校发展。包玉刚先生当时给学校未来发展的定位是一所小而精的国际一流大学,预计的规模就是3000人。所以当时的政府投入基本上也是按照这个规模来设定。宁波大学第一届招生有280人左右,需要的经费是600万元,三级政府各200万元,宁波市政府同时无偿划拨给学校1000多亩土地。(时任宁波大学校长访谈笔录)

在明确建校的事项后,宁波大学最大的挑战就是如何建立起自己的学科体系并配置相应的教师。在这个问题上,又是中央领导的发力给了宁波大学很大的帮助。

由于有了小平同志的关心,确定了中央政府对宁波大学的支持,教育部就委托了北京大学、中国科技大学、浙江大学、复旦大学以及杭州大学五所大学对学校相关专业进行援建,北大援建法学,科大援建物理学,复旦援建经济和数学,浙大援建机械,杭大援建外语,且要任满一期即四年。教育部同时还规定,学校五个系的系主任和教授都由援建学校的派驻专家担任,这就在最短的时间内为宁波大学搭建起了一套学科管理体系。(时任宁波大学校长访谈笔录)

尽管这轮五校援建历时仅四年,但是却为宁波大学的发展留下了宝贵的财富。四年之后,有些教授回去了,还有一些留了下来。对宁波大学而言,因为各个援建学校的风格都是不一样的,北大开放,浙大严谨,从那个时候开始就播下了开放、包容的种子,奠定了宁波大学开放包容的理念。

(二)困境中,努力提升政府支持

学生历来是一所大学安身立命的根源,因此,稳定的优质生源则是大学提高教学质量和办学水平,得以持续发展的重要条件。宁波大学建校初期,生源问题相对突出,而这一问题的根本解决很大程度上也是得益于政府对学校的支持。宁波大学校史是这样描述的:

学校多次向浙江省政府和国家教委反映困难和情况,并利用各种机会争取包氏家族对学校的支持。以期获得政府支持,提升学校生源质量。……时任宁波大学校长朱自强教授亲自前往北京,向国家教委的朱开轩等同志汇报工作,并提出了宁波大学到1996年在校生达到2000人规模、列入第一批招生院校、继续进行按系招生的试点等工作事项,朱开轩同志肯定了宁波大学建校以来在各方面所取得的成绩,并指示在规模发展问题上同意到1996年在校生总数达到2000人规模,教育行政费按2000人规模拨款,在招生问题上给予汕头大学同等待遇,纳入第一批招生院校。1993年,学校在省内正式列入第一批招生院校,考生报名踊跃,第一批招生报考录取比为1.6:1,生源质量明显提高。(宁波大学校史摘录)

此后,在外省市的招生,除个别省市外,也陆续进入第一批次录取,从而保证了学校拥有较好的生源质量,为本科教学质量的提高和学校的长远发展奠定了基础。

虽然宁波大学的建校得到中央的高度关注,也获得浙江省鼎力支持,但是宁波大学在经过第一个四年的建设和发展后,曾经有过一段相对困难的时期,这就使得宁波大学不得不在宁波本地寻求更加直接的帮助。

最开始在80年代的时候,宁波连200万元的经费都拿不出,后来随着经济的发展和财政改善,到1995年,中央—省—市三级政府就经费问题进行了一个谈判,就是说专项经费学校申请,生均经费由省、市各出一半,宁波市按照宁波的生均经费(1.1万元)出一半,浙江省按照省的生均经费(8000元)出一半,这样就形成了以宁波市为主要经费来源的格局。(时任宁波大学校长访谈笔录)

宁波大学虽然是中央—省—市三级管理,且主要是以省为主,学校的领导都由浙江省来任命,但是随着浙江和宁波经济的发展,学校与地方的联系越来越密切,尤其是宁波市分担的经常性经费的重要性也就越来越突出。可以说，得益于宁波大学与各级政府良好的互动关系，这成为宁波大学摆脱困境，并实现日后稳定发展的重要保障。

（三）发力于三校合并

1996年，宁波大学的发展出现了新的契机，在教育部和省政府的指导下，以宁波大学为基础，合并了宁波师范学院（大专）和浙江水产大学宁波分院（本科），组建了新的宁波大学。三校合并的工作早在1994年就已开始酝酿，1996年3月经浙江省委决定，三所学校实行紧密型联合办学，浙江省政府随后发出《关于宁波大学建制问题的通知》，三校合并正式进入实际工作阶段。

> 根据省委、省政府的指示，学校确定了"统筹规划、分步实施、平稳过渡、三年完成"的工作指导方针，三所学校用三步顺利完成合并工作，实现了平稳过渡：第一步是1996年3月至1997年年中，为组建新的宁波大学，实行紧密型联合办学阶段，完成了原宁波大学与浙江水产学院宁波分院的合并工作，并对学校区划以及校本部的行政机构做了必要的调整。第二步1997年年中至1998年年中为三校合并阶段，实现了由三校紧密型联合办学向实质性合并的平稳过渡。经过多方咨询和论证，学校研究确定了三校合并的具体实施方案以及院、系、专业合并调整的原则意见，并在1997年5月获得了国家教委下发的《关于同意宁波大学等校合并的通知》，浙江省政府及省政府办公厅的相关通知和批复发出后，标志着实质性合并工作全面展开。第三步是从1998年年中至1999年年底，进一步完善校内管理体制，清理了原有三校的规章制度，实现了教学管理、学科建设、干部管理、基本建设、财务管理的五统一，落实了院、系、专业，校园布局的调整，客观上实现了三校合并的短期发展目标。（宁波大学校史摘录）

高校合并是当时我国高等教育的一股风，也对宁波大学产生了深远的影响，原来较为狭窄的学科体系，在很短的时间内扩充为8个学科体系，学生规模很快扩大（1999年年底全日制在校生数已达到9625人），明显支持了宁波大学办学特色的发展。虽然在合并的过程中，特别是某些专业学科的合并过程并不完全顺利，但是多方协调后，宁波大学的专业布局还是有很大的发展，而且合并带来的好处对宁波大学产生更为实际且长远的影响。

三校合并带来一个明显的好处是，它提升了宁波大学的办学历史。因为宁波师范（学院）和（浙江）水产大学（宁波分院）在合并的时候都有40多年的历史，所以宁波大学合并后，在1998年就可以申请并获得了硕士学位授予权，因为已经满足（学校）必须有十届毕业学生（才能申报硕士点）的条件。有了这些发展，才使得宁波大学在后来成为浙江省重点发展的三所大学之一。（时任宁波大学校长访谈笔录）

1998年6月经国务院学位委员会审核，批准宁波大学为新增硕士学位授予单位，通过批准国际贸易、工程力学、水产养殖三个学科为硕士学位授权点，1999年开始招收硕士研究生。学校首个发展目标顺利实现。

（四）博士点申请——于挫折中不断成长

三校合并以来，宁波大学由于学校办学层次相对不高，在引进高水平师资、提升科研和学科建设水平、增强地方服务能力、开展高层次对外交流与合作等方面颇受制约。宁波大学在一系列苦练"内功"的基础上，产生了获得博士学位授予资格的迫切需要。这不仅是优化浙江省高等教育布局，适应宁波经济社会发展的需要，也是学校突破自身发展过程中瓶颈制约的必然选择。

然而宁波大学申请博士点的道路并不平坦，多次受挫。

2002年11月，学校经省政府和省教育厅同意，以侨资大学的身份参加浙江省的审议推荐并通过评审，然而在通过国务院学位办的第一轮评审后，最终因硕士研究生培养年限较短，不符合要求而没能进入第二轮评审。2005年4月，宁波大学再次启动申博工作，但仍因学校硕士学位授予权的年限未满8年而未能进入最后评审。2006年12月，学校以侨资大学的特殊理由，申请增补为第十次博士学位授予单位。在国务院学位委员会专家组的实地考察后，一致认为宁波大学已经具备独立培养博士生的条件。2007年6月，国务院学位委员会正式发文，批准宁波大学为博士学位授予单位，工程力学、通信与信息系统、水产养殖三个学科成为博士学位授权专业。（宁波大学校史摘录）

回顾这段过程，应该说宁波大学走得并不轻松，尽管它顶着侨资大学的光环，在与中央教育主管部门沟通和交流中有着相对的优势，但博士点这个硬杠杠还是要宁波大学实实在在地打拼得来。

在这个过程中，宁波市教育主管部门的极力推动和宁波大学自身条件的不断完善，共同成就了宁波大学办学层次上的一次飞跃，并在之后的发展中体现出极为犀利的变化。

2007年的时候，宁波大学因是重要的侨资大学，三个专业（工程力学、水产养殖、信息通信专业）被教育部批准博士学位授予权。2011年，宁波市政府与国家海洋局一起共建宁波大学。到了2012年，又成为教育部与省、市人民政府正式共建大学。省政府和市政府对宁波大学都非常支持。刘延东同志来宁波大学时点评：宁波大学是侨资大学中最成功的学校。我们现在的定位是：国内一流的综合性地方大学，是高水平、有特色、在海内外有重要影响力的教学研究型大学。按照教育部的标准，教育研究型大学应该保证研究生的比例大概在1:3到1:2。我们现在一本16000人，三本10000人，合在一起本科生26000人，研究生有4500人，如果不算三本，比例大概是1:3.5，我们希望在"十二五"规划末，本科生规模不变，研究生的规模达到6000人，真正进入教育研究型大学的发展阶段。（时任宁波大学副校长访谈笔录）

至此,宁波大学终于拥有了本科、硕士、博士完整的教育体系,使学校跨入了教育研究型大学的门槛,也改写了宁波这座经济实力突出的港口城市没有博士点的历史。

(五) 日益重要的地方政府投入

宁波大学的经常性办学经费主要通过政府的供给来维持。目前的生均拨款经费结构中以宁波市为主,占55%,浙江省则占45%。因此按照生均经费计算,宁波市提供11000元,而浙江省提供8800元。

政府投入还有一个重要部分就是科研平台和科研项目的投入。由于宁波大学中央—省—市共建的身份,使得它相对于其他地方性大学能够获得更多的经费支持。以2012年为例,当年宁波大学获得的项目经费是1.9亿元,平台经费是4000万元至5000万元,总计约有2.4亿元,其中横向经费大概三分之一,纵向经费大概三分之二。纵向经费中来自国家级的经费最多,其次是宁波市政府,最后是省级经费支持。这种局面主要就是体制造成的。

宁波大学有不少研究机构都受惠于这种学校体制。高等技术研究院是以材料学科为主体、信息学科和生命学科相交叉的研究机构,由政府全额支持投资1.7亿元建成。还有两个平台,每年由学校投入200多万元。这些平台由学校直接管理,但是对外所挂的头衔,则是以宁波市为主。应该说,宁波大学科研经费的充足支持,为宁波大学科研工作和科研水平的提升提供了有力的保障,这进一步加速了宁波大学与宁波地方政府的良性互动关系。

但是,宁波大学与政府间的良性关系,并没有为宁波大学申请省一级的项目支持提供便利。由于宁波计划单列市的地位,以杭州为中心的浙江省一级的支持项目往往较难落户宁波,这也客观上带来宁波大学在省级科研项目的申报上有较多掣肘。

(宁波大学)所有的学科建设与其他省属高校一样,不会有受限的地方;科技项目中的基础项目省里也不会设限;但是应用类科研项目,省里,特别是科技厅,不批的较多,因为它认为这是省里的经费，有省一级的使用对象，如果用在宁波大学应用类科技项目上，就是变相地转移到宁波地方企业中，不符合省经费的立项要求。体制问题造成对应用类项目的影响。当然，不是说宁波大学就拿不到省里的项目，主要是会受到一些不利的影响，但是口子仍然是开的，相对名额少了些。（时任宁波大学校长访谈笔录）

应该说，宁波大学在面对建校、发展、升级等一系列困难和瓶颈的时刻，总是能得到政府相应的支持，这是宁波大学自身不断提升自身水平和实力的必然结果，但也不可否认，得益于侨资、地方经济发展等因素，宁波大学在与政府的沟通中有着不少得天独厚的优势。

三、第三口饭——地方经济

作为一所由城市名称直接命名的大学，宁波大学从建校一开始就牢固确立了为地方服务的理念，以地方经济社会发展需求为重点，以科学研究和技术创新为途径，大力提高服务地方经济发展的能力和水平。

（一）广泛接触，与宁波商界共建专业

加强与社会各界的联系，积极寻求与宁波市有关部门、企业的合作，得到各方面的响应和支持，一直都是宁波大学与地方经济衔接的重要策略之一，宁波大学与宁波的金融界以及商界的优质企业联合开设新的专业就是很好的例证。

1993年12月，宁波市金融界13家单位与宁波大学举行联合抽检金融学院会议，就联合办学事宜进行协商讨论，取得共识。1994年7月，在中国人民银行浙江省分行、浙江省教委和宁波市政府的重视支持下，宁波大学国际金融学院董事会成立。

成立国际金融学院后，学院除招收和培养国际金融专业本科学生以外，还为全市金融系统大专学历的在职人员举办专升本的成人教育班，举办各种培训班，各金融单位也应邀派出业

务骨干承担学院部分课程的教学任务，为该院学生提供实习场所，并为学院筹集经费，用于购置教学设备和改善办学条件。（宁波大学校史摘录）

中国文化研究中心主任金涛教授等为创办适应市场经济需要的文科专业，把目光集中到了与企业合作共建的办学尝试，在学校和宁波市工商行政管理局的支持下，决定与宁波杉杉集团有限公司共建广告学专业。

按照商定，在专业课程的设计上互通有无；在人才的培养上学校将根据需要和可能为杉杉集团公司培训各类专业人才，输送所需的优秀毕业生，以知识和技术支持杉杉集团的发展，杉杉则为专业建设提供经费，并为学生实习提供条件；双方还根据需要互聘兼职人员，以推进双方事业的发展。这一校企合作的办学形式，不仅解决了广告学专业的增设问题，而且由于在教学中引入了杉杉集团在广告策划和导入CI方面的成功经验，使得专业建设明显加快，特色也较为明显。（宁波大学校史摘录）

宁波大学与社会力量相结合，建立专业和促进专业发展的尝试，在中国整个高校发展历史上都是较早的，也是步伐较快、层次较深的。这可能是宁波地方高校整体特色发展的体现，但也同时体现了宁波大学建校的初衷，很早的就开始立足于地方经济的建设和发展。

（二）"顶天立地"的科研发展战略

宁波大学自建校以来，就确立了"教学为主、科研为本"以及"结合地方实际开展科研工作"的指导方针。随着学校的逐年发展，对科研和学科建设的支持力度也逐步加大，但是科研的水平和层次仍有待提高。在学校人事分配制度改革和"提高质量、提高档次、提高地位"的发展方针的推动下，为了实现科研工作由量变向质变的发展，学校提出了科研工作必须"顶天立地"的工作思路。

所谓"顶天"就是要有国家级的科研项目、学科和实验室，这些要素能提升宁波大学总体形象和层次;"立地"就是要紧密结合宁波的实践,把宁波的产业做好,把宁波的优势发挥好。在二者的关系上"立地"是重点和前提,通过"顶天"和"立地"的紧密结合,推动"宁波大学在一些学科上争创全国一流"。(宁波大学校史摘录)

在顶天立地的战略指导下,宁波大学的学科建设有了长足的发展。

(宁波大学)现有11大学科门类(除军事学),一级学科有40个,通过文理交叉、理工交叉,也形成了一些新兴学科。对于基础学科,学校会强调它们在自身学科发展之外,还要积极为应用服务。这其中发展最好的就是水产学科,现在排名大概在全国第三位;第二好的就是通信与信息学科,它是由物理学发展起来的学科,目前是浙江省第二批重中之重一级学科中的一个;(第三个)比较好的学科,如工程力学,它将基础理论研究应用到工程。还有就是物理学。这四个学科如今在浙江省都名列前茅,这是自然科学。在文科里面,有世界语言学,进入全国10%;第二个是法学。这两个学科在浙江省都是非常好的。还建了一些与浙江经济发展相适应的学科,如国际金融、贸易、交通运输工程、土木工程、船舶远洋等。这些学科的特点是都跟区域经济发展紧密联系。(时任宁波大学校长访谈笔录)

与学科发展相一致的是科研团队的建设。科研工作,本质上是优秀科研人员的培养和引进,以及科研团队的建立和维护。对于人才的引进,宁波大学近年来做了不少的努力,通过不断寻求政策支持,通过若干个人才引进计划,吸收了一批顶尖的,国家级、省级、市级的科研骨干。宁波大学团队建设分两种路径,一种是学科导向的团队建设,还有一种是目的导向或者说需求导向的团队建设。相比于单独的人才引进,学校认为只有搭建了良好的科研环境和平台,才能真正留住人才。因而学校更多地重视科研团队的建设,并立足自身情况,在科研团队的建设上做了一些突破性的调整。

每个老师进来都有一笔启动经费，用于开展科研项目，多的500万元，少的也有几万元，都是学校提供的钱。学校通常会将这笔经费称为支持经费而不是启动经费，这是因为如果是启动经费，每个人自己可以建成自己的实验室等平台，但这些平台往往缺乏共享，较为分散，使用效率低下，且不利于未来更大规模更高层次科研项目的积累和开展。采用支持经费，鼓励每个老师加入原来的某个团队，充分地使用现有的科研平台，并将自己的资源添加到现有的实验室等平台中，越做越强，而不是越做越分散。对于某些特别突出的人才，会另外给予一笔经费，用于团队的建设、实验室的搭建，但学校的资源还是主要用于公共平台的建设、实为学科服务的平台，并重视组建跨学科、跨单位的科研平台。（时任宁波大学校长访谈笔录）

"顶天立地"，围绕区域经济发展来寻找课题，设计专业发展方向和特色，使专业的发展与地方经济发展紧密结合，为地方发展服务，这样的战略在宁波地方经济与社会发展中的影响越来越大。"顶天"和"立地"的紧密结合，带动宁波大学在科研水平上的快速提升，为宁波大学后续发展提供了必要的基础和条件。正是宁波大学在重点学科和特色学科、学位点、创新平台等建设上的令人瞩目的进展，为其后来的博士学位授予单位资格的申请提供了有力的保证。

宁波大学自建校以来一系列涉及地方经济发展的决策，凸显了宁波大学对吃好"地方经济"这碗饭的重视程度，使得学校的发展既按照高等教育规律走，也积极服务区域经济发展，这对学校、政府、地方经济都非常有利，是一个多赢的策略。

四、始终以学生为本的人才培养

宁波大学历来重视人才培养和教学管理，人才培养也是宁波大学的立校之本。学生在社会上的影响力、竞争力、成就感，对宁波大学十分重要。自建校以来，宁波大学始终把握教育工作这一中心任务，不断深化教学改革，加强教学建设，规范教学管理，提高教学质量，对涉及教学的各个环节，特别是人才培养模式方面的创新与改革格外重视，取得了显著的效果。

建校之初，学校就提出了"新型综合性大学"的办学构想，并实施了一系列有别于其他高校的教学改革措施：（1）以文、理、工、经、法等多个学科构成综合性的学科体系。（2）按学科设系，系以下不分专业，实行宽口径培养。（3）不设基础部，不设教研室，以此免除学科分支之间壁垒森严的封闭和割据局面。（4）实行选择面较宽的学分制管理，鼓励学生跨系选课。（5）课程设置强调打好基础，重视英语和计算机训练。（6）重视实践教育，强调能力培养。（宁波大学校史摘录）

这些教学改革措施在宁波大学第一个教学循环中取得明显的成效。学校特别强调学分制的推行，用学分作为学生学习量的计算指标，从第一个教学循环的实施情况看，几乎所有的学生在完成本系培养目标的同时，都跨系、跨学科进行选课，灵活地组合自己的知识结构，增强自身适应社会的能力。

当时建校时，朱校长就强调：要淡化专业发展，重视学生内在发展。在五个系八个专业的学生中不强调专业划分，不同专业的学生要混住，要加强交流。这在当时是非常超前的办学理念。（时任宁波大学副校长访谈笔录）

学分制与主辅修制的实行，调动了学生学习的积极性和主动性，有利于造就基础相对宽厚、适应性较强的复合型人才，满足了人才培养的个性化要求。应该说，建校初期的办学构想的设立，为宁波大学未来教育工作的改革和发展奠定了一个良好的基础。

1998年5月，宁波大学在全校开展了一次教育思想大讨论。通过这次大讨论，在全校教师、干部中初步确立了"在高等学校中，培养人才是根本任务，教学工作是主旋律，提高教育质量是永恒的主题，教学改革是各项改革的核心，本科教育是基础"的高校工作主导思想。在这个背景下，人才培养模式的改革得到全校上下的关注和重视，多个学院纷纷就这次教育思想大讨论的主导思想，展开贴合自身特点的教学改革试点。

> 1998年教育大讨论之后，2000年学校就开始落实淡化专业发展、重视通识教育理念的人才培养改革，实施了平台加模块，通识教育与专业教育相融合的教育。在当时，这种教育模式是不多的，非常领先，而且一直坚持到现在。（时任宁波大学副校长访谈笔录）

可以说，教学思想大讨论及其推动下开展的多项教学改革，为2001年开始的全校新一轮教育教学改革做了充分的准备，对宁波大学未来的教育改革和发展有着深远的影响。

2006年8月，为进一步深化教育教学改革，宁波大学提出了"把成才的选择权交给学生"的教育理念，强调"谁能成为哪种人才的选择权不应该属于学校，而应该属于学生自己"，而学校的任务是"为学生的选择创造条件"。"构建创新人才培养体系"正是在这样的背景下浮出水面的。按照这一思路，学校将成长的权力交给学生，让学生自己决定自己的成长方式：选专业、选教师、选课程、选学习进程。

> 在专业的选择上，除了个别专业性非常强的专业（如航海专业），70%~80%的新生首先是选择进入一个类，如政法类、自然科学类等学习基础知识，半年后可以进行跨类的选择，一年后可以选择所在类中的某个专业，学生的选择机会是非常多的。这客观上加快了学生接触和适应社会的速度，原本由家长为学生定专业，现在学生通过一年的学习，了解专业的特点，未来社会的需求，以及自己的偏好，他就得自己做出选择。（时任宁波大学副校长访谈笔录）

学生在专业上的选择是自主的，但也是有竞争性的。不同于高中时期的"填鸭式"，也不同于一些大学的"放羊式"，学生必须依靠自己的努力去主动争取专业的选择权，这就最大限度地避免了学生在大学期间的懈怠。同样，这种选择的压力是双向的，教师、专业、系科都需要不断地发展自己，以此来吸引学生。

  学生在专业上的选择是有批次的，有第一批次、第二批次……，第一批次的学生选完后，后面的才能去选。这就避免了学生在高中拼命读书，到了大学不想读书的问题，因为资源和机会有限，学生必须自己去争取。在宁波大学，有特长、专业学习好的、科研好的学生都有多次选择的机会。这也促使学院要重视专业建设、教学发展。如果你不关心学生，学生就不来选你，那么学校的资源是根据学生来配置的，你这个专业或学院就缺乏必要的资源。所以现在学院和教师都必须关心学生，就出现了大牌教授给一年级学生上课的这一现象。如果一个专业招生不足10人三年，就要停止办学。我们不仅让研究生有导师，让本科生也要有导师，这种导向让更多的老师走近学生。
（时任宁波大学副校长访谈笔录）

宁波大学正是围绕这个教育理念，建立了以学生为主体，教师为主导的办学思想，使学校的教学活动围绕学生转，使学生的地位在学校更加凸显，真正做到育人要以学生为本，教学要以教师为本，使整个学校的政策向一线教师和学生倾斜，在学生的培养质量上确实取得不错的成绩，这已经形成一种就业对招生的良性循环。

五、"浙江模式"独立学院的开创者

1999年，宁波大学的校办企业将土地作价8000万元作为初始投入，加上一些捐赠，组建了宁波大学科技学院，它是浙江省首家进行高校体制改革试点的国有民办二级学院，被视为独立学院"浙江模式"的开创者。按照该模式所总结的，这类独立学院的办学模式通常是以普通公办高校作为举办主体，主要依托母体学校的教育资源来实施办学。有意思的是，宁波大学科技学院不仅仅依赖母体学校，实现教学平台的高水平建设，其运行的本身也对宁波大学本部提供了有力的支持。

（一）张弛有度的组织管理

按照学院制度，宁波大学科技学院实行的是董事会领导下的院长负责制。从实际的管理机制来看，宁波大学可以从两个层次对独立学院进行有力的管理。

一是宁波大学科技学院董事会的成员构成。按照学院建立的过程，宁波大学是独立学院的举办者，因此在董事会的构成上基本以宁波大学和宁波市教育主管部门的管理者为主。最初董事长是宁波大学的校长，董事有教育局官员，也有宁波大学的党委书记、副校长，还有企业的一些代表；后来随着企业的作用日渐减弱，董事会中企业代表就不再参加会议了。以现任董事会为例，共有董事会成员7人，分别为宁波大学校长、各分管副校长以及学院的院长和书记，因此董事会领导下的独立学院一般不会背离校本部的相关政策。

二是宁波大学科技学院院级领导的聘任是由宁波大学党委来决定的。这就在一定程度上保证了宁波大学对宁波大学科技学院发展的宏观把握，使得宁波大学科技学院不会偏离宁波大学的发展路线。

> 宁波大学党委在中层干部换届的时候一并把科技学院的干部任免纳入里面去考虑，并将最终的结果报送到学院董事会，最后由董事会通过并下发。（时任宁波大学科技学院副院长访谈笔录）

在具体落实内部管理上，特别是人事工作中，宁波大学科技学院则具有较高的自主性。

> 管理上的话，实际上应该说我们的管理基本上还是独立的，干部管理上和宁波大学密切一些，其他管理则是自己来进行的。虽然我们部门数不是很多，但是这些部门我们都是合并在一起，整个运行管理都是我们自己来承担的。（时任宁波大学科技学院副院长访谈笔录）

内部工作上的自主性，使得宁波大学科技学院在发展过程中具有了一种自发的能动性，通过财务和人事的自主安排，宁波大学科技学院能够形成一种较好的造血机制，不断提升本院在教学设施及教师人员配置上的水平。可以说宁波大学科技学院的发展需要宁波大学本部的支持，但又通过自身的努力实现了不完全依靠本部。

(二) 互取所需的资源配置

按照建立独立学院的最初设计，学校的资产属国家所有，但国家不再投入，学校按教育成本收取学费，按民办高校的运行机制进行管理，其实质就是高校"国有民办"的办学模式。宁波大学科技学院建立起来后，除了最初的投资是由宁波大学以及当时的海外侨资提供，后续的发展经费全部都是来自学生的学费。

> （学生的学费）开始是16000元，后来经过两次调整，第一次调整（时间忘记了）主要是在1万元以内，当时有1万到2万元之间的，比如我们艺术（专业）是2万元，建筑学院城乡规划（专业）是2万元，那么后来第二次我们又调整了一些。当时政府也有一些相应政策，工科类的一些专业，有的19000元，有的17000元，包括日语专业也是17000元。今年我们又调整，适当提高一点，比如我们建筑学院是22000元，低的还是16000元，根据办学条件和学生的资源情况进行调整。这就是经费的主要情况。（时任宁波大学科技学院副院长访谈笔录）

宁波大学科技学院的学费并非完全由学院自身支配和使用，其中一部分会上缴宁波大学校本部作为宁波大学科技学院的资源占用费，随着学院的发展，这个占用费比例已经逐年下降。

> （学院）在整个办学过程当中，包括师资、实验，比如土木、机械类的，这些教学资源还是要依靠本部来承担，所以也要上缴给本部资源占用费。这个资源占用费从1999年开始，在比较长一段时间内一直是40%，这个数据是比较高的，学院也比较累，没有更多经费投入建设当中。后来学校董事会研究，

（这个比例）要逐年递减，我们要在四年内从（之前的）40%降到30.5%。（时任宁波大学科技学院副院长访谈笔录）

科技学院的学费上缴，为宁波大学经费来源的多元化起到不可忽视的作用，从这个意义上说，宁波大学举办独立学院的实际作用是充分显现的。当然，这种好处并非仅对宁波大学本身，独立学院与校本部之间的利益交换本身也是独立学院自身成长所必需的。正如前面已经谈到的，宁波大学科技学院的发展需要占用校本部相当一部分教学资源，如实验设备和场地，以及更为重要的教师资源。

我们自有教师人数是320多人，包括行政人员。任课教师原来占40%多一点，现在提升了，是50%多一点。从教学工作量来说，我们承担了60%多，大概是63%或64%，校本部那边的教师承担30%多。（时任宁波大学科技学院副院长访谈笔录）

除去校本部对宁波大学科技学院直接的资源投入，更让宁波大学科技学院看中的是宁波大学这块牌子。的确有人问过宁波大学科技学院，如果宁波大学放手，宁波大学科技学院会不会选择完全独立，学院管理者回答了"不"，而且这个回答是基于学院对外的一些关键的调研。

东北的一些独立学院转制了，转制以后有好处，完全是一个独立设置的大学，特别是和政府渠道的沟通可能会更加畅通一些。但是另外也带来一些不利的（因素），从招生生源质量上，多数还是明显下降的。从这方面看，老百姓、考生对这类学校看法还是（与我们学校）不太一样。另外一点就是全国非官方组织的同类独立学院的会议，举办过两次，总体来看，从教学规范、教学质量来说，还是母体直接来办的独立学院要更稳定一些、规范一些、水平高一些。（时任宁波大学科技学院副院长访谈笔录）

对于宁波大学科技学院来说，它希望在整体架构上独立性再突出一些，从而获得更为畅通的对外沟通的渠道，但是从资源上，它仍然希望能纳入母体学校的管理和支持中，毕竟由独立学院自己完全依靠学费来维系整体教育活动是有困难的,在这个方面,有着政府支持的母体学校是独立学院强有力的后盾。

与同时期的一些其他独立学院不同,宁波大学科技学院很早就实现了校区独立、法人独立、财务独立以及教学安排上的独立。建院十多年的发展也证实了该模式办学起点高、办学质量好、对公办高等教育支持力度大、能够最大限度地保障学生的权益等特点。更重要的是,它客观上实现了对公办高等教育有力的反哺,使公办高等教育资源得到更高效的利用,在这一点上宁波大学算是开了一个好头。

【案例评析】

回顾宁波大学的建立和发展,侨资、政府、地方经济是学校成长极为重要的三个因素,或者如文中所说的不可或缺的"三碗饭"。饭是得一碗一碗地吃的,侨资、政府、地方经济这三个因素在不同的历史时期,对宁波大学来说,有着不同的影响和作用。

在学校创建的初期,侨资毫无疑问是宁波大学最为重要的影响因素,它是学校建立的前提,也是学校度过困难时期的保障。可以说,没有侨资就没有宁波大学。

政府的作用则贯穿宁波大学建校发展的始终。这一方面是我国高等教育大环境的客观要求使然,另一方面也正是宁波大学与各级政府良好的关系,使得学校在其发展的各个关键时刻,总是能把握住一些关键的机会,进而获得相对有利的资源。

地方经济这碗饭应该说是宁波大学建校的初衷,即与地方建设相结合,为地方发展培养优秀人才。尽管从学校过去三十多年的历史来看,积极服务地方经济发展的尝试还不够彰显,但是从宁波大学当前的发展战略乃至未来发展的趋势来看,服务地方将成为宁波大学未来发展的重中之重。

需要指出的是,宁波大学的成长绝非完全依靠上述三个因素的力量。机会总是留给有准备的人,学校亦然。学校为什么能够持续不断地获得侨胞的捐赠,为什么能够不断获得政府的支持,为什么能够不断发展与地方经济的联系？这些问题的背后折射出来的恰恰是宁波大学在努力营造外部有利环境的同时，不断追求自身实力和层次提升的结果，这是相辅相成的。

宁波大学在教学和科研的发展道路上没有走其他公立大学的传统道路，而是很早就建立起较为纯粹的学生与专业、老师之间双向选择的人才发展模式。从2001年开始，学校就实施了基于"平台+模块"课程结构体系的本科培养模式改革，开启大类培养的探索之路，在基于"平台+模块"课程结构体系的人才培养模式改革过程中，学校逐渐孕育了一种新的教育思想，即学生成长为哪种人才的选择权不应该属于学校，而应该属于学生自己。"顶天立地"的科研发展战略不仅使宁波大学的科学研究成果有了转化和实践的场所，也使其能够在学科发展领域进行深耕。

侨资、政府、地方经济就像构成三角形的三个顶点，而宁波大学就处在这个三角形之中。它与三个顶点都有着密切的联系，随着自身的发展，微调着与三个顶点的距离，并寻找着最适宜自己成长的空间。

第三章
浙江大学宁波理工学院
——政府与一流大学的联姻

2001年6月25日，宁波市人民政府、浙江大学在宁波市召开新闻发布会，正式宣布由宁波市人民政府和浙江大学合作创办的浙江大学宁波理工学院成立。既宁波大学开创以母体学校为主力建设独立学院的"浙江模式"后，又一种全新的由地方政府主导、与一流大学合作的独立学院模式在宁波市生根发芽。

一、市校合作创新高等学校办学模式

（一）寻求合作的艰辛之路

改革开放以来，宁波经济虽然走在了全国的前列，但是其高等教育资源却严重滞后。在2001年创建浙江大学宁波理工学院以前，宁波市仅有宁波大学1所本科高校，高等教育毛入学率也低于全国平均水平，这与其在全国的经济地位是不匹配的，更对宁波经济与社会的可持续发展提出了不小的挑战。因此，快速扩充优质的高等教育资源不仅是宁波市经济转型升级的需要，更是宁波市发展高等教育的动力。但是，如何才能快速地提升宁波市高等教育的发展水平呢？这是上任伊始的宁波市教育局局长华长慧苦苦思考的问题。

> 大学的发展有个自然的形成过程，这样的过程需要经历产生、发展、提升这样一个漫长的时期，中国最好的高校都经过了这样的时期。如果以宁波已有的高校为基础发展，也必须经过这样一个阶段，而且这需要很长的时间。我们感觉到需要站在巨人的肩膀上，缩短宁波高校发展的历史过程，快速提升。（时任宁波市教育局局长访谈笔录）

为了能够站在巨人的肩膀上，华长慧局长曾经三次带队去西安，想把当时的西安电子科技大学引到宁波来。

> 我们提出了很多优惠条件，当时西安电子科技大学只有500亩土地，我们提出一期给它1500亩土地，建30万平方米的校

舍，再建1000套教师宿舍，每年除国家给它的经费以外，宁波市政府每年再给3000万元补助。当时西安市政府同意了，西安电子科技大学也同意了，但是1999年6月份召开全教会，陕西省委省政府不同意，最终没能成功。（时任宁波市教育局局长访谈笔录）

从西北到东北，宁波市又想把隶属于中国科学院的长春光机学院（现为"长春理工大学"）引到宁波，但是又因为西安电子科技大学的谈判耽误了时机，中国科学院已经将学校下放给了吉林省，引进国内优质高等教育资源的计划又一次泡汤。两次合作机遇都碰到了地方政府设置的壁垒和障碍，迫使宁波市将目光转向了省内。

1998年浙江省办学水平最好的四所高校合并建成新的浙江大学，四校合并给浙江大学建设世界一流大学创造了有利条件，但是也带来了一些新问题，比如研究生与本科生之比降至0.22:1，全日制学生与专任教师之比仅为8.97:1。

> 四校合并以后，浙大本科的规模受到限制。原来比方说四所学校本科生每家1万，四家就4万，但是合并后的浙大因为要办高水平大学，提出控制在2.5万人的本科生规模。那么2.5万的本科缺口很大，浙江省的意见不小。（时任浙江大学宁波理工学院院长访谈笔录）

浙江大学提升办学水平与地方政府扩大本科教育规模之间的矛盾萌发了浙江大学与社会力量合作办学的愿望。1999年，浙江大学、杭州市政府合作办学，并与浙江省电信实业集团共同发起创办了二级学院——浙江大学城市学院，这种市校合作的办学模式引起了宁波市的极大兴趣。

同年，宁波市就与浙江大学开始频繁的接触，并在短时间内就达成了合作办学的初步意向。2000年10月，宁波市政府完成了《关于筹建浙江大学宁波分校的可行性报告》，提出利用浙江大学丰富的教育资源和宁波市的经济支撑，在原计划迁建的宁波高等专科学校的新校址上，创办浙江大学宁波分校。

但是举办分校的提议在教育部没有得到认可，理由是"浙江四校刚合并，浙江大学不能离开本地办学"。随后，宁波市按照浙江大学城市学院的办学模式又提出建立独立法人的二级学院。2001年6月，宁波市政府与浙江大学正式签订了"市校合作办学协议"，明确了校名、建校与办学经费、管理机制等方面的内容。至此，宁波市才真正地完成了一次国内优质高等教育资源的引进工作，也由此揭开了宁波高等教育高水平快速发展的序幕。

（二）名城名校合作办学的四个"全"

地方政府与一流大学的联姻在独立学院的类型中虽然数量并不占优势，但与其他类型的独立学院相比，其资源无疑是丰厚的。按照浙江大学宁波理工学院时任院长的总结，学院可以由四个"全"来形象概括：

第一"全"是政府全额投资建设。为了能成功引入优质的高等教育资源，财政相对富裕的宁波市政府可谓倾注了不小的心血，不仅将建院的工作列入宁波市委、市政府当年的"一号工程"，更是投入了真枪实弹，包括无偿划拨高教园区1116亩土地作为浙江大学宁波理工学院的校区，还全资投入政府财政性资金6.2亿元建设教学区，并根据学校理工科的发展定位投入1.6亿元建设了56个实验室。2012年学院以2.8亿元回购了当年后勤社会化的生活区学生宿舍，其中宁波市政府就投入了7000万元，并协商同意用于回购的1.5亿元贷款，学院只需要偿还每年600万元的利息。市政府在学院建设资金方面的大力支持无疑为学院高质量的办学减轻了不少财政压力。

第二"全"是浙江大学全面负责办学管理。办好大学的首要条件是优秀的师资队伍和管理干部，负责办学管理的浙江大学在"市校合作办学协议"签订后就马上启动了相关部署工作。首先，浙江大学派出以俞庆森教授为院长、俞蒙槐为党委书记的领导班子；随后，在浙江大学党委常委会上明确，由浙江大学委派到学院机关担任处长职务的干部，在任期内纳入浙江大学中层干部管理序列。与此同时，浙江大学还选派优秀教师骨干到学院工作。

在2001年7月浙大部署学院建系和教学工作的副院长会议

上，明确规定相关学院分管教学的副院长兼任理工学院系主任，学院的教学工作直接纳入浙大的整体教学计划。（浙江大学宁波理工学院院志（2001—2011）摘录第7页）

第三"全"是组织属性为全民事业单位。学院从建院伊始就不是按照民办序列办学，根据市委市政府跟浙江大学签订的协议，整个学校是一个全民事业单位，是具有独立法人资格的普通本科院校，由宁波市编制委员会确定其行政级别为副厅级，学院内设机构为县处级单位。

第四"全"是按办学成本全额收费。在2001年浙江大学宁波理工学院建院时，浙江大学生均拨款才7000元，但是学院按办学成本收费的政策使学费维持在1.5万元到1.7万元之间，保证了学院初期的快速发展。

（三）双理事长治理结构的双重保障

宁波市政府与浙江大学的联姻为浙江大学宁波理工学院的建立奠定了坚实的基础，这种名城名校的合作模式也以"双理事长"的理事会形式固定下来，为学院未来的办学发展提供双重保障与支持。理事会由宁波市市长和浙江大学校长共同担任理事长，宁波市委副书记和浙大常务副书记分别担任副理事长，双方平分八位理事的名额。宁波市委市政府的理事阵容分别是分管教育的副市长和副秘书长、教育局局长和分管高等教育的副局长；浙江大学的理事阵容有主管教学的副校长、党委副书记、两办主任和派驻浙江大学宁波理工学院的院长。

双理事长的理事会作为浙江大学宁波理工学院的最高决策机构，每年召开一次理事会，由市政府和浙江大学共同商议宁波理工学院的发展战略与重大问题，校级领导的任命也由理事会商议决定。

> 校领导班子的成员都是由浙江大学党委提名，然后通过宁波市来任命。学校两个一把手一定要有浙大的，副院级领导两个是宁波市委派，其他五个是浙大委派。校内的处级领导由学校自己定，但从浙大过来的干部和老师，因为身份还是浙大的，所以还由浙江大学党委任命。（时任浙江大学宁波理工学院院长访谈笔录）

这种双方共同参与的治理结构既充分调动了宁波市与浙江大学的办学热情，也实现了权力的监督与制衡。

负责办学管理的浙江大学一方面派驻优秀的管理干部和师资团队，开放管理干部、二级学院院长、学科带头人全部师资，以扶持浙江大学宁波理工学院的办学，浙江大学与浙江大学宁波理工学院共同开展"9211"工程就是典型例子。所谓"9211"，就是9个学院分别选派一名至少是长江学者等级的教授到浙江大学宁波理工学院指导学科建设，再选派20名左右的教学名师指导20门课程。

浙江大学的"立交桥制度"也对相当部分进入浙江大学宁波理工学院的学生以激励。该制度承诺，凡被学院录取且成绩在二本分数线以上的一年级学生，学习优秀者将有机会参加浙江大学组织的考试，符合要求的可按0.5%~1%的比例，于第二年直接转学到浙江大学求学。

> 这些学生在浙大的影响都很好，从这个意义上来说，高考和分数不决定一切，也不决定最后的能力。(时任浙江大学宁波理工学院院长访谈笔录)

另一方面浙江大学也鼓励并帮助浙江大学宁波理工学院自主发展，在学院培养成长起来的干部可以有机会到浙江大学挂职锻炼。

> 原来所有行政部门的处长负责人都是浙大派的，现在已经慢慢开始自主了，目前只派了53个人，包括部门负责人和下面学院的领导。(时任浙江大学宁波理工学院院长访谈笔录)

二、以高水平应用型人才为导向的办学探索

对宁波市而言，市政府举办高等教育的目的并不在于发展教育本身，而是希望通过支持高等教育的发展促进本地区经济与社会的进步。所以，学校在建立之初确定的发展定位就是建设高水平应用型大学。

> 应用型就是要与地方经济发展服务相关联，高水平就是在人才培养、科学研究、社会服务方面都具有一定层次。所以，

在我们的"十二五"规划中明确的学校发展目标就是：第一，形成10个左右在宁波市绝对领先、在全省有地位、在全国有影响的优秀学科；第二，综合办学实力继续在同类学院中处于领先水平；第三，利用10年的时间，在省内普通院校中进入前茅。(时任浙江大学宁波理工学院院长访谈笔录)

但是浙江大学作为国内一流高校，其学科发展、人才培养无疑都是以研究型为导向，这看似不可调和的矛盾，浙江大学宁波理工学院又是如何化解的？

(一) 紧贴地方经济社会发展需求，进行专业移植和改造

浙江大学宁波理工学院最初的专业设置、课程开设、教学管理基本上移植了浙江大学所采用的办法和模式。建院伊始开设的信息与计算科学系、生物与制药工程系等系的计算机科学与技术、通信工程、自动化等22个专业都是浙江大学予以规划制定的，其课程安排与教学计划，依据浙江大学相关专业的计划并根据学院的实际情况修订确定①。但是仔细分析浙江大学宁波理工学院开设的专业和方向，可以发现，在移植浙江大学已有专业的基础上，浙江大学宁波理工学院确定的专业方向又是宁波市经济发展急需的专业。

> 我们当时建的四个工科之一———机械专业的初衷，就是因为宁波的小型机械工业非常发达。后来又新加了能源类专业，成立了机电与能源工程学院，因为宁波这边很需要。还有我们的外国语学院，英语、日语专业也都是宁波最急需的。(时任浙江大学宁波理工学院院长访谈笔录)

除了直接移植，浙江大学宁波理工学院还在发展的过程中不断调整专业方向，或增加，或整合，实现浙江大学移植专业与宁波经济的融合，也发展出学院自己的专业特色。

---

① 应畏之，俞春鸣. 名城名校联袂 共创发展新路——浙江大学宁波理工学院办学纪实[J]. 教育发展研究，2003 (8).

我们把我们的专业设置叫"外接产业,内接专业",就是整个专业建设要和我们区域的,要跟宁波的整个产业结构相对应起来。像我们的信息科学与工程学院刚开始就是以计算机为主,后来随着宁波市信息产业发展需要的相关人才,我们开始向电子信息、通信、电气工程类的专业方向扩展。我们的生物与化学工程学院就是在原有的化学工程和生物工程系的基础上,整合了高分子专业、分析化学等专业。

原来经济与管理两个专业是整合在一起的,叫经济与管理学院,现在我们根据发展,专门成立经济与贸易学院,其中新增了金融专业。又另外成立了管理学院,把财会、工商和物流等专业放在这里面。

还有传媒与法律学院原来是合在一起的,后来我们发现学科之间差异比较明显,我们就单独成立传媒与设计系。法律系我们准备下一步将法律跟公共管理、社会管理的专业整合起来,变成法律与社会管理学。这样的话,主要是考虑宁波是属于社会管理试点城市,中央也非常关注,也迫切需要一大批人才,我们想把利于社会管理的专业整合在一起。

现在我们学生的47%就业留在宁波,所以说如果学校的专业设置跟宁波的产业结构不相对应的话,那么我们这47%的学生就找不到出路了,这点我们是非常清楚的。(时任浙江大学宁波理工学院院长访谈笔录)

(二) 改革实践教学体系,培养高素质复合型应用人才

"嫁接"是浙江大学宁波理工学院在发展初期进行人才培养的重要途径,就是将浙江大学教师资源优势嫁接到浙江大学宁波理工学院,在教学上以基础课程的"首席主讲教授制"和专业课的"专业责任教授制"为主,首席主讲教授和专业责任教授均由浙江大学著名教授担任。因此,学校发展初期所开设的课程由浙江大学教师直接授课的就达到50%以上。除此之外,浙江大学还经常派名教授到学院为师生做专题讲座,为此学

校还配置了接送浙江大学教师的专用客车,校内建造了招待所,为浙江大学教师来宁波授课提供方便。①

但是,随着浙江大学宁波理工学院师资队伍不断壮大,围绕着应用型大学与研究型大学的人才培养差异,学院领导也在反思,如何形成适合浙江大学宁波理工学院学生特色的人才培养体系。

> 在传统高校的人才培养当中,面临的一个问题就是,我们的实验课程也好,实践环节也好,实习也好,都是为了验证理论教学的。也就是说,实践是依附于理论教学的,高校也往往视实践教学为理论教学的补充。为了培养学生的单元操作能力,哪方面需要这个能力,学校就培养这个能力。这样一来,到一定程度以后就限制了应用型人才的培养。(时任浙江大学宁波理工学院院长访谈笔录)

为了改变实践教学从属于理论教学的人才培养的现状,主管教学的杨建刚院长提出"实践教学要自成体系"的人才培养理念。

> 现在的人才培养也要是复合型的,我们怎么来保障实践教学能够自成体系?这不是说一门课需要两个小时的实验,我就做两个小时,这之间的关系又是怎么样的?像我们这种应用型地方高校,以能力培养为导向,这个能力是什么?其中一块就是实践能力,那么学校就要有自己成系统的实践能力培养。(时任浙江大学宁波理工学院院长访谈笔录)

在思想上达成了共识,学院的实践教学改革就马上付诸实施。2007年11月,以教学副院长为组长、相关职能部门领导为成员的"实践教学体系建设"工作组正式成立,并下设规划设计组和政策配套组,制定了"实践教学体系建设方案设计指导性意见"和"实践教学体系建设实施制定办法",作为落实实践教学体系建设实施方案细化和修订

---

① 应畏之,俞春鸣. 名城名校联袂 共创发展新路——浙江大学宁波理工学院办学纪实[J]. 教育发展研究,2003(8).

的纲领性意见。

学院的实践教育体系从三个层面进行探索：

第一个层面是课程的实践衔接。在这个层面，课程之间不能各做各的，相互断裂，比如开十个实验，那么前面几个可能是单元操作，后面几个是复合型、综合型，或者研究型的实验，要成螺旋上升的系统，这是课程层面慢慢从验证型实验向综合型实验的转变。

第二个层面是专业的实践衔接。以往老师各上各的，虽然有个大纲，但承担不同课程的老师的大纲相互之间没什么关联。专业的实践衔接就是把一个专业中相关的课程实践项目按照学科的逻辑体系和专业人才培养的要求进行整合，在这一过程中，需要将教学、科研、企业实际等元素相结合。

第三个层面是行业（产业）的实践衔接。针对越来越多的招聘企业需要复合型人才的需求，一个专业方向的学生应该也具备跟这个行业有关的其他专业的一些实践能力。第三层面的实践衔接就是按行业（产业）的需求，培养学生的综合素质和创新能力，具有跨专业的特点。

在四年多的时间里，以项目驱动形式，学院分三批批准了32个实践教学体系建设项目，涵盖了30个专业的600多门课程①。浙江大学宁波理工学院金伟良院长在回顾这些实践教学体系建设项目时，总结了这次实践教学改革内容的三个特点：

第一，缩减基础理论课时，根据学生不同需求分层开设课程。

> 原先理论课的老师总是说，我这门课要很系统，从头到尾，知识点要全部讲齐、讲全，那么现在由于总学时有限，就要求老师上课时以适用为主。不是够用，高职院校才以够用为主。我们适用于后面专业课学习，给学生提供了不同层次的课程，就是你如果想学得深一点，可以通过其他途径。比如数学可以分成A、B、C三个等级，我们只要求这个专业最低门槛是C级的，你如果要考研，那么我们在同一时间安排了A级，你可以

---

① 《实践，创造生机——浙江大学宁波理工学院P3特色实践教学体系建设材料汇编》(4).

选择那个课。这个条件要提供给学生。

第二，改革课程实验内容，减少验证型实验，增加综合实验课程。

缩减下来的基础课学时用来增加实践环节。之前有些专业基础课既没有要求，也由于实验条件有限，没有开设实验课，在学院实施实践教学体系的改革后，学校专门划出了一些专项的建设经费，用于耗材、仪器设备的采购，一些专业基础课新开了很多实验课。实践教学在教学计划上反映的是25到40个课时，艺术设计、工业设计类更多一些，文科的实践环节相对少一些。总体来看，实践教学大概占总课时1/3左右。虽然一些基础理论课的实验学时不是很多，比如一门72个学时的课程，可能只有三个实验，但这是专业基础课的综合实验，不是单元实验。

第三，注重专业环节实习的全流程性与跨专业性。

实习环节主要是两个阶段：一是认识学习，工科叫生产型学习。以前实习都是以参观型为主的，走马灯一般，现在是具体要求，到行业有代表性的单位去参观。比如说化工专业的，最起码要参观基础化工原料的生产过程，从原料进来，到产品出去，到污水治理，各种场地都要参观，虽然每个场地只参观半天，但成系统。

二是生产实习，要求在一个企业里面的主要岗位待一段时间。可能一个岗位只待五天，但厂里面整个流程都要经历一遍。最难做的是跨专业的，行业或者产业环节的实践教学体系也并不是所有专业都能跨的。举个例子，工业设计专业设计了一个实用的办公用品，以前的实践环节设计完图纸就结束了，现在我们把图纸拿来以后，请机械专业的学生组成一个团队，去做塑料模具，做好以后，叫高分子专业的学生去调配方，最终把产品做出来，相当于三个专业组成一个团队来做一个跨专业的实践环节，真正发挥了学生的团队协作和创新能力。

实践教学顶层方案设计得再好,最终也还要落实到教师与学生的身上,这就需要相应的配套政策来指导教师和学生向实践教学体系的目标努力。对于教师,改革的最大阻力就在于,教师付出了额外的工作量而没有回报,因此,学院采取"一边拉,一边压"的策略。

  这个课程如果要进行实践环节,你只要去申报,原先理论课多少,现在拿出多少学时给实践课,此外又增加了多少实践环节,二级学院院长认为这个属实,就可以公示。批准以后,我们给教师教学工作量,直接与他的收入联系在一起。

  但是还有好多教师科研也很忙,不愿意在教学方面花更多的时间,于是我们的教学评估就设立了最低门槛,就是让每个教师都要参加到实践教学体系建设来,不一定是项目负责人,但要参与进去,不能不做,否则的话,课堂教学评价就要降一档,这个是政策方面的规定。(时任浙江大学宁波理工学院院长访谈笔录)

(三) 以横向科研为主导,发挥为地方开展社会服务的大学功能

作为地方政府投资创立的教学研究型院校,浙江大学宁波理工学院始终都牢记着自己的服务方向,无论是人才培养,还是科学研究,学院都以服务地方经济社会的发展为根本目标。从 2001 年建校开始,在母体学校浙江大学的影响下,浙江大学宁波理工学院就非常重视学院的科研发展,在科研经费成指数增加的同时,还不断完善科研管理体制和政策。

每一名应聘到浙江大学宁波理工学院的教师进校时都有 5 万元到 10 万元不等的科研项目启动经费,青年教师也不例外。如果是进入优特学科的教师,还会有专门经费。学院在提供优厚的研究经费的同时,更加注重青年教师的培训和专业发展。从 2011 年开始,学院实施设立了青年骨干"1131"人才工程计划。第一个"1"就是 10 个左右的学科带头人,比如三江学者;第二个"1"是 10 个科研创新团队;"3"是 30 个学术带头人;最后一个"1"是 100 个学术骨干。每年学院还推出精英计划,由学校出资,每年派 20 位教师出国培训进修。

在这样的科研政策和制度的支持下，浙江大学宁波理工学院的立项项目至2010年已达1750项，其中纵向和横向的项目各占半壁江山，经费总量仅在2012年就超过了7000万元，人均经费达到17万元，其中以横向经费为主。

我们的科研经费中，纵向占30%，横向占70%，也就是说70%是为宁波企业服务。我们很多研究院研究所的成立都是与宁波的发展息息相关。比如宁波提出海洋经济发展战略后，要开发先行试验区，所以学院成立了海洋技术研究院，每年产生的效益非常明显。还有我们的宁波市金融学院，宁波市所有的金融机构都参与其中，给宁波市整个金融发展，尤其是海洋金融提供了决策咨询工作。为了对宁波经济领域的企业和经理进行培训，我们建立宁波经理学院，宁波市委市政府每年投入600多万元来进行培训。（时任浙江大学宁波理工学院院长访谈笔录）

三、管理改革三部曲

2011年，浙江大学宁波理工学院建立十年，在进行了十年的规模扩张和人才培养的探索后，逐渐庞大的行政管理队伍和烦冗的职能部门设置已经开始阻碍学院快速前进的道路。

学院在刚开始起步阶段，还是一级管理为主，二级管理很薄弱，所以一级管理机构很健全，有18个职能部门。但是校级职能部门太多也产生了不少问题，学院要向二级管理结构转型，就要改革。我们改革探索的目的很明确，一是探索学院在建立管理体系过程当中，执行权、决策权和监督权如何相互支持、相互制约；二是学院的学术权和行政管理权，两者如何清楚界定，又互相发挥作用。（时任浙江大学宁波理工学院院长访谈笔录）

从2011年开始，学院掀起了全面的内部管理体制改革探索。10月13日，学院内部管理体制改革总体方案（宁波理工委〔2011〕27号）发布，围绕机关大部制改革、管理与决策体系建立、人事制度改革、校院二级管理、财务制度改革等五大内容开始分阶段进行大刀阔斧的改革。

（一）以项目制组建行政机关工作平台，精简机构，增强服务

学院原来的党政管理体系是14个部门和4个直属机构，这是宁波市政府机构编委办公室下文的正处级建制，在大环境不能改变的前提下，这18个部门对外在制度设计上是不变的；但对内，通过相近相似和协调等原则，学院组建了十个工作平台，分别是综合事务部、组织人事部、纪检监督部、后勤保卫部、教务部、资产财务部、学生工作部、学科科研部共八个部门，再加两个直属单位（学术信息中心，继续教育学院）。

以综合事务部为例，由原来的党办、校办、外事处、宣传部组合而成，并增设规划与政策研究室处。各个部门对外而言都还在，里面的干部待遇，包括任命也都没变。但是综合事务部建立的是一个工作平台，能够资源共享，人员精简，提高工作效率。

> 比如说原来我们的两办可能对一些政策的理解比较明晰一点，但是这里有发不出去信息的时候，宣布部在宣传发布的时候有时理解、表述和侧重面不太一致，或者干脆和两办做了重复的工作，外事处也会这样，那么现在合在一起，这个宣传的口径就一致了，而且过去不同部门之间的沟通协调也大大减少，对事件的反应就大大加快了。(时任浙江大学宁波理工学院院长访谈笔录)

以精简机构和增强服务为目标的大部制改革在推行过程中，一定会遇到各种阻力，在浙江大学宁波理工学院，显然学校领导在改革前已经有了充分的估计，并对可能产生的阻力做好了应对策略。

> 作为学院来讲，第一要考虑成本。内部管理体制改革就是机构改革，但改革肯定会带来很大的阻力，这个阻力就是中国传统的弊端，如待遇各方面。所以我们虽然精简机构，但是并

没有减少人员，而是将缩减的校级部门人员充实到基层去。反正内部管理体制改革全部是二级管理，二级管理也要人，这些人下去以后，我们就充实了二级学院的力量。（时任浙江大学宁波理工学院院长访谈笔录）

在这样的策略下，大部制改革精简的15%的人员全部下放到了二级学院，既达到了精简校级职能部门的目的，也实现了服务基层的目标。

建立了工作平台，如果还按照传统的日常事务性的岗位职责分配工作，那么所谓的大部制工作平台也就形同虚设了。在新的工作机制下，学院将每年的重点工作进行分解，为每个部门设定十到二十个项目的任务，任务不按工作岗位职责来，而根据项目的进展来进行。比如对外开放办学这个项目，先确定由谁牵头，然后宣传部、外事处、办公室的人员组成一个工作团队，去研究和策划开放办学的方案。这个项目做完以后，再根据新项目重新组合团队。

对大部制改革，除了思想认识，还涉及干部切身利益，这需要一个渐进的过程。在改革的初始阶段，大部还不是实实在在的正处级建制，而是在几个部门的基础上，建立以项目为主的工作平台，虽然有部长的职位，但与其说部长是领导，不如说是协调者。这样的设计也在某种程度上避免主管校领导直接跳过部门负责人直接干预部门的具体工作。

原来院领导管得细，比如教务处在做什么事情，院长都要管，相当于直接管了一个部门，捆得很死。实行大部制以后，比方说组织人事部，可能要有两位院领导涉及这个部门的工作，那到底由谁来管？那就是通过部长协调下面原来的工作，具体的事务怎么分工、协调，那是部长做的事情，院领导通过部长来了解和指挥工作。（时任浙江大学宁波理工学院院长访谈笔录）

（二）构建专门委员会，提高决策科学性

我们的行政管理部门作为执行机构，实际上在很多高校，

部长其实比校长权力还大，因为很多的资源配置都掌握在行政部门手里，从政策的制定，到资源的配置，再到后面的执行全都在部门手里。所有的过程都没有或者只有很少的教授、教师参与。从现代大学制度的角度来讲，这个可能不太符合科学决策的要求。

这是金伟良院长关于学术权力和行政权力的反思。为了让更多的教师参与学校事务的决策，学院在管理与决策体系建立的改革中的主要措施就是构建专门委员会。

对于传统的普通高校，党政联席会议是最高决策机关，党政管理部门是执行机构，党团组织、教代会组织是监督组织，但金伟良院长认为，这三个中间还缺少一个层面，就是辅助决策的咨询。

2012年上半年，浙江大学宁波理工学院下发了《中共浙江大学宁波理工学院委员会 浙江大学宁波理工学院关于组建专门委员会有关事项的通知》（宁波理工委〔2012〕4号），提出要建立五个专门委员会，分别是学生工作委员会、财经委员会、人力资源委员会、学术委员会和教学委员会。文件对专门委员会做出了明确的定位，即专门委员会是学校办学管理过程中的辅助决策和咨询组织，在学校党政联席会议授权下履行某一方面事务的决策咨询职责，是学校管理体系的有机组成部分。

以往制定一个全校性的关于教学的政策，一般是由教务部门制定，经分管校长审核，最后大家联席会议通过。现在，任何重要政策的推出都要经过学术委员会专家的建议、咨询、讨论，然后才能变成学院的政策。这不仅是一种行政的决策行为，也是一种学术的决策行为。在这一机构的设置和决策过程中，专门委员会是学术权力和行政权力对立的缓冲器，既能够保持两种权力的相对独立，同时又能够相互补充。

在组建专门委员会的通知下发后不久，五个专门委员会就组建完毕，并制定了专门的章程，对专门委员会的定位和基本工作职责、人员组成以及制度都有详细的规定。

专门委员会的人员构成有四条原则：一是教授治学。要有一定比例的教授，年轻教师有时可以扩展为副教授。第二是精干高效，一般控制在15人左右。第三是代表性，主要有干部、教师代表，涉及学生事务的必须有学生代表。成员的产生采用组织推荐、个人自荐和组织指定结合，实际上还是组织推荐的比较多。第四，委员会委员分常任制和任期制。校长与分管相关业务的校领导任常任委员，还有负责相关业务的行政部门领导，比如人事处是人力资源委员会的秘书机构，人事处的负责人往往是常任委员。专门委员会中校领导的人数原则上不超过三分之一。任期制委员一般任期两年，成员主要来自各院系的教授，每人每次只能在一个委员会任职，其目的就在于让更多的教授参与学校的治学、管理工作。

专门委员会最主要的共性职责就是授权决策和政策制定。

> 学院如果要推出一项制度、一个政策，或者就是简单发一个规范性的文件，原来职能部门就直接制定了，现在必须要经过委员会的讨论，征求教授专家的意见，并提出建议。这样教授在治学过程当中，有比较大的话语权。（时任浙江大学宁波理工学院院长访谈笔录）

授权决策就是专门委员会经学院党政联席会议授权，可以对某一方面的事项直接作出决定，作为部门执行的依据。比如人力资源委员会在一些普通的荣誉授予的人选确定事宜上就可以直接定下来。每个委员会有一个秘书单位，分别对应于主要负责的行政部门，秘书单位按照它的职责处理和筛选议题。

（三）灵活开展人事制度改革，完善激励机制

浙江大学宁波理工学院在完成了大部制改革、专门委员会建立的任务后，基本实现了校院二级管理的格局，尤其是人事权力，无论是聘任权，还是考核权，都由二级学院主导进行。

> 我们现在基本上把人事权的校院两级分离开后，学院基本上进人，进多少人，总数由学校按照发展规划控制。比如我们今年估计要进多少人、五年内要进多少人，但是具体怎么分配，

每个学院就按照他们现有的师资队伍、学科的发展要求来灵活配备人员,反正各个学院未来五年的进人总量都知道了,所以今年少进一个,明年多招一些,都可以。我们在考核的时候,会有一个限度。(时任浙江大学宁波理工学院院长访谈笔录)

这样一来二级学院的积极性就很高了。学院为了鼓励引进优秀人才,也给二级学院出台了一个奖励制度。

正常来讲,学院自2005年后一般教师都引进的是博士,所以进博士,学院一般就不太管了,但是二级学院如果能够引进副教授、教授,学院就会根据引进人才的级别给予不同的奖励。这是给二级学院人才引进权的奖励。

依照人才引进的方法,在定岗和考核权方面,学院也实行总量控制、二级学院自行安排的原则。有了前面内部管理体制改革的铺垫,2012年,学院进入了人才队伍建设年,其中的一个切入点就是薪酬制度改革。

浙江大学宁波理工学院因为是浙江大学负责办学,而是浙江大学是在四校合并之前就以"业绩点"方法为抓手,在人事制度方面做了比较大的改进,因此,2001年浙江大学宁波理工学院建立的时候,就把浙江大学的业绩点薪酬制度衍生了过来,主要按照基本工作量和考核工作量两个指标来考核。

2001年的第一轮聘岗由于学院教师数量少,有大量的教学工作要承担,这样的薪酬制度虽说是考核,但实际上都能满足要求,因此触动也并不大。2007年学院进行第二次岗位应聘工作,那时候学院科研总量不大,还是以教学为主,因此,也基本延续了第一次岗位应聘工作时的薪酬制度。然而,随着学院的发展,教师的数量增加了,原先以保证基本教学量为工资主体的薪酬制度出现了"大锅饭"的倾向。

2012年随着薪酬制度的改革,学校开启了第三次岗位聘任工作。

这次的目的非常清楚,就是绩效工资改革。本次改革把绩效工资跟岗位聘任结合在一起,加大绩效工资的比重。这次的绩效工作改革实际上分三大块进行:第一,基本工资,按照国家的级别发放。第二,基础绩效工资,就要按照学院里头的这一套序列。第二轮聘任的时候基础绩效才不到30%,这次改革我们提高到了47%。第三，奖励性的绩效，也要按照学院的这套奖励规定，其中一部分用于奖励超额完成工作量的教师，大约占收入的40%，另外的10%是标志性成果的奖励，这部分打破了院系之间的壁垒，由院长全院统筹，主要用于奖励在教学、科研方面获得国家级奖励等有突出贡献的教师。（时任浙江大学宁波理工学院院长访谈笔录）

在注重绩效的同时，这次绩效工资改革也强调公平。

这次聘任岗位我反复讲，第一，追求绩效优先，因为我们是社会主义初级阶段，按劳取酬，多劳多得。第二，兼顾公平。公平主要体现在我们承担教学工作量的老师一定要有相应地取酬，同时要求最高的跟最低的级差不能太大。比方说教学一级岗跟最后的第十级岗，我们定下来两个相差的最多倍数是15倍。（时任浙江大学宁波理工学院院长访谈笔录）

在这两个原则下的第三次绩效工资改革方案，不仅没有降低教师、员工的收入，平均每人还增加了1.1万元，这大大减小了改革的阻力。

在这次的绩效工资改革中，浙江大学宁波理工学院改变的并不只是工资的结构，更重要的是，它为教师、员工增加收入提供了另外的方式。一个是科研，从学校的财政来说，科研上学院既不封顶，也不拿老师一分钱，学院收取的管理费实际上最后都以绩效工资的形式返还给了教师；第二个是继续教育，学院鼓励二级学院开设各种类型的培训班，老师在培训班授课也上不封顶，学院也在前三年采取免税措施，鼓励继续教育的发展。

四、敢问路在何方

独立学院的身份让浙江大学宁波理工学院在建立后的十几年时间里获得了来自母体学校浙江大学和出资方宁波市政府的全力支持，体制优势使这所学校脱颖而出。浙江大学宁波理工学院连续多年在中国独立学院排行榜（武书连版）和中国独立学院科研竞争力排行榜（中国民办高等教育研究院）名列榜首。在享受喜悦的同时，浙江大学宁波理工学院也在思考，已经在独立学院的群体中攀登上了顶峰，下一步学院又该何去何从？

不可否认，随着浙江大学宁波理工学院不断发展，其独立学院的身份更是把双刃剑，既给学院带来体制上的优势，也带来更多的政策阻碍。

省里评教学成果奖的时候，教育厅是按学校类型发放配额，像我们这样的独立学院都没有单独申请的资格，而是放在母体学校。比如浙江大学给30个名额，其中包括宁波理工学院和城市学院。浙江大学这30个名额还不够自己学校用，能够给我们一个就算很好了。

省里搞一个重点学科的评审，普通本科院校可以报8个，但是独立学院最多报3个。原来省里头的所有立项对独立学院都不开放，这两年开始逐渐拓展了。

我们是从2001年就开始办本科，按照教育部的规定，十年本科院校就可以有权申请硕士，我们都十二年了，可是在教育厅排都排不上队。（时任浙江大学宁波理工学院院长访谈笔录）

歧视性的政策使浙江大学宁波理工学院的办学主体地位难以得到保证，但是有一点很好的是，宁波市从来没把浙江大学宁波理工学院当成一个独立学院，而是按照一个普通本科院校对待，在市级的重点学科、竞争性项目经费等评审中，浙江大学宁波理工学院与其他高校一样享有公平竞争的权利。更何况，宁波市对学院的重视与厚爱还不仅如此。

我们学校按照浙江大学的规定一直是按二级学院正处级来对待的，但是宁波市一直是按照副厅单位来对待我们的。现在我们的干部任命由浙大提名，省委组织部任命。因为宁波是计划单列市，属于副省级，省委组织部委托宁波市委市政府任命，可以直接任命到副厅级，所以我们的级别就是副厅级单位。（时任浙江大学宁波理工学院院长访谈笔录）

虽然在浙江省，浙江大学宁波理工学院受到了歧视性的待遇，但是在宁波市，学院甚至受到了高于普通市属高校的礼遇。

然而，2008年26号令的出台，让浙江省的众多独立学院开始对未来的发展道路堪忧。一份对浙江省独立学院的调查报告指出了浙江省落实26号令的难度①。

> （1）办学主体问题。浙江大学城市学院和浙江大学宁波理工学院两家独立学院的合作方都是地方政府，明显不符合政策要求；其他20所中有16所的合作方主要是校办企业，而且在条件上未能达到资质要求。（2）占地面积问题。只有4所独立学院的校园占地面积超过了500亩。（3）资产过户问题。虽然浙江都已取得了事业单位法人资格，但诸如土地、房产等资产基本上未过户。（4）组织结构问题。就管理实质而言，22所中有18所相当于公办高校的普通二级学院。

事实上，对浙江大学宁波理工学院来说，促使学院转型、寻找出路的动力已不仅是外部环境的要求，更多的是学院自身发展的需要。

学院面临的选择有两个：一是成为浙江大学的一所分校，二是转为宁波市属的普通高校。显然，成为浙江大学分校的道路更符合宁波市和浙江大学宁波理工学院的愿望。宁波市曾明确表示说，不要去掉"浙江大学"这几个字，要把浙江大学宁波理工学院作为浙江大学跟宁波市合作的载体，这是一个很重要的因素。

> 宁波市政府开理事会的时候，已经向浙大提出能不能把直属学校变成分校。当时，浙大的杨校长就提出有三个门槛要解决：第一个是生源，希望共同努力；第二个是师资队伍，成为分校就一定要是高层次的；第三个是资源，生均拨款原来向学生收费，现在怎么解决。浙大现在的生均教育部拨款已经达到2.2万元。市长明确表态，这些都没有问题，但是这还要由教育

---

① 王富伟. 独立学院的制度化困境——多重逻辑下的政策变迁［J］. 北京大学教育评论，2012（2）：88.

部来决定。(时任浙江大学宁波理工学院院长访谈笔录)

可是要成为浙江大学宁波分校,宁波市和浙江大学宁波理工学院要面临更多的外部不确定因素,而成为地方普通高校的转型相对容易。最终,浙江大学宁波理工学院走的是一条折中的道路。

2009年,浙江省《关于规范设置独立学院的若干意见》对全省独立学院验收工作提出"投资主体规范""剥离规范""迁建规范"三条路径。2016年4月,浙江省六部门又共同出台了《关于支持独立学院发展的若干意见》,明确对通过规范验收后的独立学院给予财政补助、自主收费、税收优惠和项目开放等政策支持。浙江大学宁波理工学院通过规范设置的省级验收后,于2020年正式更名浙大宁波理工学院,成为一所省属全日制公办普通本科高等学校。

【案例评析】

浙江省独立学院的举办模式分为三类:第一类是公办高校与校属企业合体办学,实质上是公办高校自己举办,如宁波大学科技学院;第二类是公办高校与地方政府合作办学;第三类是公办高校与私营企业合作办学①。地方政府与一流大学的联姻在独立学院的类型中虽然数量并不占优势,但与其他类型的独立学院相比,其发展速度和办学质量是值得肯定的。作为独立学院,与宁波大学科技学院不同的是,浙江大学宁波理工学院从动议到建设再到发展,宁波市政府在其中起到了决定性作用。对于当时急于引进优质高等教育资源的宁波市而言,这种市校合作模式显然是最佳选择。在资源上,宁波市不仅全额出资建设浙江大学宁波理工学院校区,还给予学院行政级别和全民事业单位的组织属性,这是其他类型独立学院所不能比拟的。在学院发展运行上,学院能够按办学成本全额收费,保证了学院运转的可持续性和独立自主性,这又是一般地方公办高校所望尘莫及的。可以说,这种办学体制上的优势是浙江大学

---

① 陈学飞,王富伟,阎凤桥,等. 独立学院地方性发展实践的政策启示——基于浙江省独立学院的实地调查[J]. 复旦教育论坛,2011,9(1):56-60.

宁波理工学院日后能够跨越式发展的重要因素之一。

母体学校虽然在师资与专业建设方面能够对独立学院给予极大的支持，但是研究型大学人才培养的定位依旧与以应用型人才培养为方向的独立学院是不相容的，这也是这种类型独立学院的弊端所在。不过浙江大学宁波理工学院通过紧贴地方经济社会发展需要进行专业移植、改革实践教学体系以及积极引导横向科研发展等措施满足了宁波市对学院的利益诉求，在政府与一流大学之间找到了平衡点。

独立学院是我国高等教育大众化进程中高等教育发展模式的一项创新。它一方面利用优质高等教育资源为杠杆撬动了高等教育市场，极大满足了社会对高等教育的需求，另一方面也在一定程度上缓解了高等教育规模扩张所带来的高额财政压力。然而，独立学院终究只是我国高等教育发展历程中的阶段性产物。脱离了浙江大学独立学院的身份能否给浙江大学宁波理工学院的前进增添新的色彩？宁波作为计划单列市在浙江省内的尴尬地位能否使学院面临的问题得到解决？对宁波市而言，已经有了诸如宁波工程学院这样培养应用型人才的市属高校；而从宁波市高等教育发展的方向来看，显然更需要的是高层次的研究型人才，虽然这也正是浙江大学宁波理工学院正在追求的，但是失去体制优势的光环，学院的未来发展之路还需要有更加清晰明朗的方向指引和战略规划。

第四章
浙江万里学院
——高等教育体制改革的弄潮儿

本世纪初期,"万里模式"曾是频繁见诸报端的名词,也是教育研究学者颇感兴趣的现象,潘懋元先生曾带队厦门大学管理学院的师生两次赴浙江万里学院考察,提出了第三部门办学的结论。在那个年代,"万里模式"几乎成为改制高校的代名词,为什么是浙江万里学院开启国有民营办学模式的巅峰?为什么这种模式能够在宁波市出现?

一、改头换面

(一)摆在学校面前的三座大山

20世纪80年代,我国农村职业中学兴起,浙江农村技术师范专科学校作为全国11所为农村职业中学培养师资的专科学校之一,学校的发展还算不错。

> 当时这一类学校全国一共11所,河北2所,吉林1所,北京1所,天津1所,上海1所,我们浙江1所,江苏1所,江西1所,安徽1所,河南1所。这11所就是为当时的农村职业中学培养师资的,所以叫农村技术师范专科学校。有的名字不一样,有的叫农业技术师范专科学校。但是不管农业也好,农村也好,肯定跟农、跟技术、跟师范都是连在一起的。除了天津,剩下的都是专科学校,因为那个时候刚好农村职业中学兴起,全国体量也不大,一共就11所。(时任浙江万里学院党委副书记访谈笔录)

转眼到了90年代,随着城市经济的快速发展和教育形势的变化,浙江农村技术师范专科学校陷入了发展困境。

> 学校当时只有1500个学生,没有一个正教授,学校占地面积仅为270亩,建筑面积只有5万平方米,而且大多数是危房,学校连400米跑道都没有,师生的饮用水都不合格。(万里教育创业史摘录)

为什么学校发展会陷入如此困境？时任浙江万里学院党委副书记总结出挡在学校面前的三座大山。首先，学校的名字含有"农村"二字，这就意味着无论学校的毕业生多么合格，甚至优秀，他们毕业后都要进入农村，虽然当时农村经济发展迅速，但需求量还是相对小的。其次是"师范"二字，学校的培养定位就是农村职业中学，农村经济的快速发展对经贸类专业的需求，并不能给学校带来专业的扩展。最后就是"专科"二字。1993年10月31日《中华人民共和国教师法》颁布，规定"取得高级中学教师资格和中等专业学校、技工学校、职业高中文化课、专业课教师资格，应当具备高等师范院校本科或者其他大学本科毕业及其以上学历"，这无疑对浙江农村技术师范专科学校是当头一棒。

> 《教师法》规定农村中学的师资必须本科才是合格的师资，而我们学校才是专科。我们的毕业生不管多么优秀，出去以后他主要面向的是农村职业中学，而现在他们没有了出路，更何况那时候师范毕业当老师也不是很吃香。虽然那个时候刚好是90年代，农村经济发展迅速，农村对财会、经贸、国际贸易、市场营销等专业的需求都上来了，但是我们学校由于这个名字，即便你要开新专业，扩大招生，教育厅也不会同意，我们自己也没这个力量。面对学校升格，当时我们自己形容有"三座大山"，就是师范的、专科的、农村的。（时任浙江万里学院党委副书记访谈笔录）

当时学校的领导也在考虑，"这个学校这么不死不活，加上这三座大山，升本又升不了，农村又去不掉，到底该怎么办？"

1994年时任总理李岚清在全国教育工作会议上的讲话中提到，"要坚持小学后、初中后和高中后三级分流"，这也就是说初中毕业的学生一部分上普通高中，一部分则要到职业高中去。

> 普通高中毕业生是可以考大学的，但是职业高中当时是不可以考普通高校的，所以当时我们也在考虑是不是转到职业教育这个领域去，就是办高等职业技术学院。后来宁波确实也兴

起了一批高职院校。从职业技术教育来讲,我们应该有基础,虽然是培养师资,但是跟农村职业技术还是有关系的。所以,90年代初期我们曾经考虑过,但始终也没有办成,外部条件也好,省厅领导也好,包括我们这个学校都还没有完全准备好。

我们还考虑过跟宁波大学并在一起,变成宁波大学的一个独立学院,但是也没有做成。(时任浙江万里学院党委副书记访谈笔录)

(二) 改制动议

1998年10月,时任浙江农村技术师范专科学校宣传部部长的蒋书记作为全国高校中青年干部培训班学员到北京进行为期3个月的学习,在赴京前,他还没有听到任何有关学校将要改制的消息。

同年11月,学校的一个电话将蒋书记从北京召回宁波。这时,他才知道有一个名叫"浙江省万里教育集团"的单位要全盘接收学校。与此同时,他也被任命为"改制领导小组"的成员之一。

可是,这个万里教育集团到底是什么背景和来头?这似乎并没有很多人了解。

徐亚芬,浙江省万里教育集团的创始人之一,目前是集团董事长兼党委书记。回首她与团队的创业经历,万里人都不禁感叹她对教育产业的敏感与执着,更钦佩她游刃有余地行走在公办与民办的模糊边界之间的那份勇气。

1993年,创始者徐亚芬、应雄接管一所濒临倒闭的学校,创办万里培训中心,开始了艰难的创业;同年6月18日,成立中国第一家全民事业性质的教育集团——浙江万里教育集团,宗旨是以教养教、以教促教、自主发展。

1994年1月,万里集团买了第一块地,成立万里驾校,并获得巨大成功,为今后的办学奠定了物质基础。

1994年8月,着手创建宁波万里国际学校。

1995年,万里国际学校正式招生,逐步形成了从幼儿园到小

学、中学的普通教育的完整格局。(万里教育集团大事记摘录)

徐亚芬的一句名言是"教育是产业,但不能产业化"。在她这个理念的支撑下,万里教育集团在短短的几年时间里已经发展成为一个名副其实的"教育集团"。但是,在徐亚芬的心中,总感觉缺少点什么。"民营机制既然可以办中小学,为什么不能试试办大学呢?"这个想法一直在她的脑中盘旋,挥之不去。

于是,她找到了当时的浙江省教育厅厅长,提出了万里教育集团想办大学的想法。

听到徐亚芬想办大学的想法,看到万里教育集团办学的激情与决心,此时正为浙江农村技术师范专科学校发展前程发愁的浙江省教育厅厅长豁然开朗了。万里集团与其白手起家,为什么不在一定基础上发展呢?宁波就有一所学校,教育厅也在考虑,这所学校到底该怎么办。这所学校有一定基础,何不把这所学校交给她,按照她的思路去做?

1998年,全国上下都处于高等教育规模大发展的热潮中,学校所在地——宁波本就高等教育资源匮乏,此时也有意扩大高等教育规模,使高等教育的发展与其经济地位相符。

1999年2月,浙江省政府向教育部发了一份申请函,教育部回复的核心意思是,同意将浙江农村技术师范专科学校交由浙江省万里教育集团举办,探索国有高校实行新的办学体制试点。

> 当时教育部规划司司长就觉得能不能进行一种国有高校实行新的办学体制和运行机制的探索。所以,从这个意义上来讲,我们学校当时承担着国家教育部探索高等学校办学体制改革试点的使命,这个事情不是简单地把这个学校改个名字的问题。
> (时任浙江万里学院党委副书记访谈笔录)

正所谓"天时地利人和",就在这么短短的几个月时间里,浙江农村技术师范专科学校的命运已经发生了翻天覆地的变化。

(三) 公为民用,民助公进

按照浙江省政府的有关政策,改制后的浙江万里学院国有性质不变,但实行民办学校管理机制,实行董事会领导下的院长负责制,董事会成员由万里教育集团、浙江省教育厅及宁波市政府共同组成。浙江万里学院开创了中国公立大学改制的先河,在投资体制与办学体制的创新方面形成了"公为民用,民助公进"的局面。一时间,"万里模式"几乎成为公办高校体制改革的代名词。

  当初改制的一个基本启发就是来自浙江的民营经济。民营相对国营而言,最大的优势就是活力,而且宁波的民营经济也很发达。所以,我们希望借用这种民办机制来进行办学探索,把国办、民办双方的长处和优势结合起来,而尽可能去掉它的弊端和缺点,总而言之,就是把好的都拿来。(时任浙江万里学院党委副书记访谈笔录)

那么,改制后的浙江万里学院体制优势究竟体现在什么地方,很多学者都对此做了深入的分析,我们可以从它的"变"与"不变"来看待。

从浙江万里学院的经费来源渠道看,与改制前相比,其办学经费来源中多了社会投资的部分,而且是主要的部分,即万里教育集团对万里学院的经费投入,不变的是国家财政性教育拨款的部分。改制后原浙江农村技术专科学校的全部资产(含土地使用权),按国家有关规定清产核资,全部划归万里教育集团管理。与此同时,政府按照1998年年底的基数,在考虑物价上涨等因素的基础上,每年仍给学院划拨财政性教育拨款,约占浙江万里学院年度经费的5%,主要用于解决浙江农村技术专科学校的历史遗留问题,如退休教职工工资、社会统筹等。这一部分来源于国家财政的资产交给万里教育集团管理和使用,所有权属于国家,使用权属于浙江万里学院。虽然浙江万里学院所有的资产都被定性为国有资产,但政府只有监控权而没有使用权,因此,即便浙江万里学院的办学经费主要由社会投入,但它仍以国有性质的身份办学,以学院资产的国有属性来保证教育的公益性。

从浙江万里学院的管理和运行来看,改制后的浙江万里学院虽然举办者从政府转到了万里教育集团,但管理者还是省教育行政部门,也就是省教育厅，主要管理的内容也并没有很大的变化，依旧是整个办学方向、办学质量，具体的从招生计划开始，一直到教学质量的保证，到党的干部任命，与之前的浙江农村技术师范专科学校并无区别。

如果说有区别的话，那就是改制后的举办者万里教育集团与办学者浙江万里学院则根据这个章程有了更加明确的分工，学院就能够比较集中精力办学院自己内部的事，像征用土地、跟政府打交道这些事情可以直接交给万里教育集团去管。

这种办学体制的独特性在于，万里教育集团成为在政府、市场和高校之间协调三方关系的中介。一方面，政府可以解除困扰自身的管理者、举办者、办学者的多重身份，有利于提高政府工作效率；另一方面，对于学院来讲，在处理自身与外部社会的关系时，需要一个调节自身与市场和政府之间的关系的"缓冲器"，万里教育集团正是承担着这样的作用。这种制度设计在一定程度上减轻了办学者面临的来自外界社会的各种压力，办学者可以将主要精力投入学院内部具体事务上，有利于学院办学效率的提高。

二、大步向前

从1998年改制开始，焕然一新的浙江万里学院借助体制的优势进入了跨越式发展的阶段：1999年才筹建并获得专科招生资格，2002年就成功升格为本科，2005年就接受了教育部本科教育评估，2011年学院又获批专业硕士招生资格，上升到了研究生教育层次。

（一）从迷茫不确定到统一思想

学院一夜之间从国有公办学校变成了国有民办学校，这对于学院普通教职工来讲，还是有些波动的。

> 我们这些人，当时350人，你问为什么要改？改了以后有什么好处？其实是看不到一点好处的。老师首先会想的是，我将来到底有没有课上。当时教育厅说，（学校）改成功了当然很

好，改不成功还回来，像当年小平同志讲的一样。回来这个话好说，但还是关系到大家的生存问题。所以，当时大家的思想实际上还是很担心的。(时任浙江万里学院党委副书记访谈笔录)

所以改制以后，从老师们来讲，首先大家有一种无奈，因为老师们再有想法，这已经是既定的事实，再想不通也是没有办法的。其次，大家面对不确定的未来也缺乏信心，因为这种改制过去是没有的，未来前景到底如何，谁也不知道，所以面对改制的现实，全体教职工的思想并没有完全通。

庆幸的是，改制后当年学校实现了1500人的招生规模，让大家看到了希望，就从原来的比较担心的状态进入这个事情还真不妨一试的状态。

(二) 先干起来再说

学院改制后，最大的体制优势应该就是，这个它(指教育主管部门)没有说不能做，我就先做做看，当然我也不是完全做出格。(时任浙江万里学院党委副书记访谈笔录)

1998年11月，刚刚确定了改制的动议，万里教育集团就马上投入对校园进行重新规划和基本设施的改造、修建中，整个改制过程都未触及产权问题，没有资产的划拨，也没有资产的认定等一系列的程序。

我们的惯性思维就是，做这件事情之前就希望搞清楚，这个资产怎么划，那个事情要怎么办，可是等你想好了，都明日黄花菜了，所以我们是先干了再说。我们没有这些资产认定的文件也无妨，因为浙江省万里教育集团不是一个公司，它是在民政部门注册的事业单位。对于资产来说，这个杯子放在这里是国有资产的，放在那一边也是国有资产，只不过从这个门到那个门，出不了这幢楼的。(时任浙江万里学院党委副书记访谈笔录)

在进行校园改造的同时，万里教育集团也同步进行招生的工作，将第一年的招生计划就定在 1500 人，而改制前学校三年的招生才 1800 人，民营活力初步显现。

> 他们的动作是非常快的，这一点公办和民办的机制就不一样。我们这边的人总有这么一个思维习惯，觉得这个是不行的，那个是不可能的，但是最后这些都实现了。1999 年秋季学校 10 个系、28 个专业，在全省招生 1600 多名，超出招生计划近 200 人，是 1998 年改制前学校招生规模的 4 倍。（时任浙江万里学院党委副书记访谈笔录）

改制后的浙江万里学院在当年之所以能够完成过去三年的招生总量，也是因为学院打破了原有的专业限制，开始向综合性院校转型。学院基本上是按照当时比较热门的专业来设置的，如经济、管理、法律等等，而原来涉农的专业就停止招生，如此一来，"农村""师范"的两座大山就没有了。

完成了校园建设和招生，接下来一个很大的问题就是师资了。从 1999 年元月份开始，浙江万里学院开始在全国范围招聘师资。为了打造一支高素质的教师队伍，万里教育集团和浙江万里学院恪守"以师立校"的办学理念，紧紧围绕高素质应用型人才培养的总体目标，积极推进"人才强校"战略，除了挖掘学校内教师自身的潜力，建立"教职工进修培训制"，实施"博士—教授工程"，鼓励教师参加各类进修培训，还实施了"高层次人才引进计划"。浙江万里学院凭借新体制的优势，在吸引师资方面不仅能够给出较为丰厚的薪酬待遇，还有事业单位的编制。由于学院地处东南沿海，加上民营体制在收入方面的优势，东北和西北成为浙江万里学院招聘师资的主要来源。

> 我记得 1999 年学院给出的薪酬还是很有优势的，叫"345"，讲师 3 万元，副教授 4 万元，教授 5 万元。还有就是编制身份。当时很多老师来时因为原单位不肯放，是没有档案的，我们就重新建档，这个是当时宁波市的一个政策，也是我们学院的一个政策。所以，原单位不肯放没关系，我们这里重建，

很多地方原来当时没有养老保险的,我们这里养老保险也可以交。老师心里就托底了,后顾之忧没有了。(时任浙江万里学院党委副书记访谈笔录)

有了好的师资,那么学院的第三座大山的推翻也指日可待了。2002年1月9日,全国高校设置评议委员会三届五次会议通过浙江万里学院为全日制普通本科高校,属省部级本科院校。至此,浙江万里学院在改制后短短三年时间相继解决了改制前导致学院发展面临困境的三大困难,不得不说,这就是市场的活力和力量。

(三) 自治与协商机制下的治理结构

虽然浙江万里学院是国有高等院校,万里教育集团和学院在办学中积累的资产都纳入了国家财政,但其使用权实际上掌握在万里教育集团手中,从主要资金来源和内部治理结构上讲,浙江万里学院的性质是社会力量办学。因此,与其他公办院校不同的是,浙江万里学院不是政府的一个部门,政府对学院没有直接的支配权,学校的院长不像其他公办学校的校长那样对政府主管部门负责,而是对万里教育集团董事会负责。董事会和学院拥有很大的办学自主权。

改制后的浙江万里学院在内部治理上实行的是理事会领导下的院长负责制。学院理事会由省、市教育主管部门负责人和举办单位领导——万里教育集团负责人组成。学院的章程规定,学院发展的重大决策都由董事会来决定的。董事会负责选聘院长,处理所擅长的投资与融资、基础设施建设、提供引进人才的条件以及对外协调事务等,而将不擅长处理的学术事务全权委托给院长处理。院长在学院行政上拥有独立决断权,学院人、财、物的管理均由院长说了算。免除了筹集资金、基建、后勤、对外协调等非学术性的事务后,院长能够集中全力领导学院的教学和科研工作。在学院具体的管理执行和组织运行上,学院还设立了一个执行院长。董事会与院长的优势都能得到充分发挥,并相互补充、相互支持。

在实际运行中,很多高校的治理机制并不顺畅,而改制后的浙江万里学院在举办者、管理者和办学者三者之间建立了良好的互动关系,逐渐在办学过程中形成了自治与协商的治理机制。

>理论上董事会的决策学院一定要执行,这是一个原则,至于怎么执行,学院应该是能够自主决定的,而且方法我们有很多种。比如在学院领导的任免上,虽然聘任院长、行政院级由理事会来聘任,报教育厅,但是教育集团跟省教育厅提前进行沟通,提出集团自己的倾向人选,我们想聘请谁当院长、副院长,让他们看看情况怎么样,如果教育厅觉得还可以就定下来了;或者请教育厅推荐,他们对情况肯定都了解,接触面也大。我觉得从方法上来讲,这个方法应该不是一个坏方法,一定不能把这两者绝对对立起来。
>
>同样的道理,在学院行政系统与教育集团之间,也要看情况、看什么问题。如果是小问题那肯定不用沟通的,如果章程虽然规定是应该我们决定的,但我们觉得这个问题可能会影响到一些比较大的问题,那我们直接沟通有什么不好?我觉得不要把这两个对立起来,好像什么东西都不必沟通、不必报告,我觉得这不是好办法。但是也不要认为一沟通、一报告,你就没有自主权了。(时任浙江万里学院党委副书记访谈笔录)

(四) 以提升效率为导向的管理模式

浙江万里学院的举办者——万里教育集团采取的是以学养学的方式推动学院的建设发展,虽然国家有财政性经费拨款,但占学院运行成本的比例非常小,办学成本全额收费才是学院运行的重要支撑。为了提高学院的运行效率,浙江万里学院在学校与二级学院关系、人事管理与分配制度上进行了改革创新,努力探索建立精干、高效、激励与约束相结合的现代大学管理制度。

为了充分调动二级学院参与办学的积极性,浙江万里学院把原来属于学院一级的部分行政权力下放,给二级学院较大的管理自主权,实行"小行政、大院系"的二级管理模式。这一模式的建立首先是以财务管理上"二级核算、责任理财制"的实施为突破口,进而延伸至教学、人事管理等各个方面。

在学院行政机构设置上，经过压缩、合署办公，学院只设立了11个行政机构，并明确机关干部不得突破全体教职员工的10%，部、处、院、系领导一般只设正职，再配以助手。后勤管理全部实行社会化管理。

> 我们做得比较成功的就是机构设置，我们把有关学生的这些部门全部合在一起了，叫学生素质发展中心，把原来的学生处、学工部、就业指导、心理咨询全部合在一起，一个大部，扁平化的。（时任浙江万里学院党委副书记访谈笔录）

对二级学院的管理，学院以学生人数、专业特殊性、英语和计算机考试通过率、教师职称比、申报科研项目和科研成果等综合因素决定下拨到二级学院的经费，这就充分调动了二级学院的积极性，促使二级学院主动去调查生源市场和就业市场的供求情况，积极构建合理的教师队伍，合理购置必需的教学仪器设备，同时，也激励教师努力提高自身素质，提高教学和科研水平。内部管理权力的下移改变了教职工"面对市场是学院领导的工作，与我无关"的旧观念，促使每个人都承担起学院面对市场、自主办学的责任，不仅有利于发挥教职工主人翁的主动性和创造性，同时也有利于二级学院领导与一线教师的沟通以及为教师提供切实有效的服务。

在二级管理模式的基础上，浙江万里学院通过全新的用人机制和激励机制，来保证学院各项工作的有效运行。浙江万里学院实行"全员聘任制"和奖优罚劣的"淘汰制"，将国有事业单位编制与民办院校的灵活用人机制有机结合起来。学院自主确定工资、福利、津贴标准和分配办法，在严格考核的基础上，实行结构工资制，教职工收入主要包括国家档案工资、岗位津贴和奖金三部分。其中岗位津贴和奖金以业绩考核为主要依据，根据"过程与终端考核并重，数量与质量并重，工作的投入与成绩并重"的分配方针，按劳取酬，优质优酬。

> 像公办学校，比如说今年评一个什么奖，连奖励的钱都不好出的，市政府都要管的。我们这里只要办公会一讨论，今年哪

个二级学院学科建设搞得比较好，奖 50 万元，就能定下来了；或者班子今年看看，觉得可以奖多少，完全根据你自己当年的工作，以及这项工作对学院发展上的意义。这个就是完全由学院来定的，其他学校想这样做恐怕就比较难了。（时任浙江万里学院党委副书记访谈笔录）

"全员聘任制"和"淘汰制"的实施，使得教职工的收入分配与学院的办学效益同步，风险共担，效益共享；收入档次合理拉开，向教师倾斜，向学术人员倾斜；不称职者不再被聘任，自行淘汰。浙江万里学院按工作业绩和付出劳动的数量和质量来决定教师薪酬的分配，改变了公办高校主要按职务、职称进行分配的做法，使得"按劳取酬、多劳多得"和"绩效优先"的分配原则真正得到了体现。

三、体制红利释放以后

改制后的十年里，浙江万里学院借助体制优势的东风得到了长足发展。在 2002 年升本后，又在 2007 年合并了浙江宁波机械工业学校，2011 年被国务院学位委员会确定为"服务国家特殊需求人才培养项目"硕士专业学位研究生培养试点单位。但总体来讲，浙江万里学院的体制优势在逐渐减弱。

我们学院跟其他学校相比我个人感觉已经没什么区别了，就是不是国家拨款的，这一点是最大的区别。原来我觉得这个区别还真的是蛮大的，这个跟整个国家的大形势有关系。学院改制时期正好是全国高教规模扩展的时候，那会儿（学院）的体制优势还比较明显，现在不能说没有，但是相比较而言，不像当年那样大了。（时任浙江万里学院党委副书记访谈笔录）

（一）政府管理规范精细化

一般而言，民营体制的学校与政府之间是一种若即若离的关系，尤其在制度环境发展初期，民办体制学校的组织场域以市场环境为主导，促使了部分民办高校不断寻找能够生存的空间，并在这个空间中按照自己的逻辑和方式来发展。但是随着高等教育管理体制的不断完善，来自制度环境的压力不断增加，并逐渐深入学校的具体运行过程中，制度空间呈现结构化和标准化的特点。浙江万里学院的新体制在早期探索阶段，政府给予了很大的空间，但是随着政府对高校的规范管理，浙江万里学院的体制优势空间也在逐渐减小。

> 我举一个简单的例子，过去政府召开的会议，如果跟学院有什么关系，但是学院领导去不了，也就不去了。但是现在不一样了，一件小事情，都不得不去了。原来接一个通知，要求学院主要领导去开会，传达什么会议精神，这里面有一些跟我们学院有关系的，有一些跟我们学院没什么关系，过去我们院长说这会跟他没什么关系，不去，这是没问题的，但是现在不行了，他如果在参会人员名单当中而不去，第二天就会发通报的。所以，现在越来越规范。因为原来规模扩大是相对比较粗放一些的，政府肯定也相对比较粗放一些，现在可能更精细化一些，更加规范化一些。（时任浙江万里学院党委副书记访谈笔录）

从万里教育集团的投资体制看，国家及各级地方政府对万里教育集团并没有一分钱的投入，只是提供了某些政策上的支持，创造了一种相对宽松的发展环境。但是随着政府对整个高等教育管理从起点审批向过程规范的转变，在最初享有民营化运作自主权的浙江万里学院看来，政府肯定是管得越来越严格了。

（二）学校内部管理相对优势减弱

制度空间影响和制约着组织特质的形成，但同时组织自身特征也嵌入外在的制度环境之中，并反映在组织内部的行动逻辑中，成为组织特色发展的内部动力。对于民营体制高校，在其制度环境的发展初期，组织场域的制度化程度较低，尚未形成统一的合法性规范，因此具有较高的模糊性和不确定性等特征，这对于处于进退之间的民办高校来说，实际上获得了一个具有弹性的发展空间，处于发展初期的民办学校也容易基于办学者的独特性和号召力形成行动上相对一致的组织结构。但是，随着制度环境中合法性规范力量开始向民办高校办学过程深入，诱使民办高校为了外部的合规而在一定程度上改变自身的结构与行为，制约着学校特色的发展。

浙江万里学院在改制初期凭借以效率为导向建立的灵活分配制度和国有身份获得事业单位编制迅速吸引了大量优质师资。在师资队伍逐渐稳定之后，学院也同样出现和公办高校一样的流动性问题，即"能进不能退""能奖不能罚"。

> 事业单位编制这个东西是把双刃剑。当初刚刚改制后，学院还是专科层次，我们就按照本科水平吸引师资。为了让老师能够安心在学校工作，就得给他事业单位编制的身份。可是有了身份，进来了就出不去了。加上公办高校，为了吸引高质量的师资，也推出了很多灵活的制度，我们学浙江的优势就不明显了。

> 分配制度这块，大的来讲，罚是肯定不行了，自营工资这一块还在，可能力度、幅度不像过去那么大了，我觉得有点儿磨损掉了我们当年的那种力度。现在更多的是，教授评一级、二级、三级，这个评上以后，你就很难把它区分开。

浙江万里学院在内部管理机制上曾经引以为傲的行政机构设置在外部大环境压力下也很难继续。

> 学院当初曾经想建3个中心，学生服务中心、教师服务中心、行政服务中心，但实际上也建不起。学校机构设置本来越扁平越好，但现在来自外部的有些牌子还不能撤。行政的还好说，党政部门的不能撤，党办要求的，组织部、宣传部要求的，统战部要求的，这些都不能撤的，因为党章规定的，你必须要有。

机构规模的扩张就意味着行政人员和领导数量增加,"能上不能下"的问题也会应运而生。归根结底,还是学校运行的逻辑已经从"效率"转向了"和谐"。

> 学院刚刚改制的时候,所有岗位人员都放倒重来,这是当时有当时的需要,但是也并不只有放倒重来才是竞聘的一种真谛所在,这也不一定。我觉得放倒重来的话,有些东西是劳民伤财的,因为人还是这些人,位置还是这些位置。应该怎么样才能让大家做得更加和谐、更加能够激发,而不要让大家都感到不满意。

(三) 关注焦点从体制转向内涵

浙江万里学院体制红利变小的另一个重要表现还在于,办学体制问题已经不是教育管理部门和高校关注的焦点,随着高等教育进入内涵发展建设阶段,大家都将重点转向了学科建设和教育质量。

焦点的转变首先带来学院原先经费优势的失去。学院从1999年至今学费都维持在1.6万元,但是办学成本在持续增加,加上政府近年来对公办高校生均经费拨款大幅度提升,原先学院最大的学费优势在逐渐减弱。

> 1999年我们一个学生收16000元,人家都说我们是贵族学校,现在我们也收这么多,但是那成本上升多少啊!现在一年光社保学校就要支出三四千万元,这钱又不能找国家要。所以从这个角度上来讲,我们在经费上压力相当大,现在的教师工资已经没有优势了。

政府对公办高校的财政支持更多的还体现科研经费方面。为了扶持某个重点学科发展,学校除了有一般性的学科建设经费,还会获得定向支持的经费拨款,而浙江万里学院国有民办的性质能获得的经费就非常有限,大部分还是竞争性的。

> 你说省里不支持,其实也是蛮支持的,在我们没有拿到硕

士学位授予权之前，作为唯一一所没有研究生教育的省属高校，政府连续四年每年给我们500万元，一共2000万元。

  现在好的情况是竞争性项目我院还有，但竞争性项目在某种程度上它是不保险的。如果是竞争性项目，你真正要完全去竞争。可是学科这东西是靠历史的积淀一点一点传承下来的，我们跟别人竞争没有绝对的优势。所以，我们一定要咬着牙做差异化的东西。我现在感到过去比较强调体制改革，我们是唯一一家，所以优势是明显的，但现在这个优势没了，人家不会因为你是改制的对你高看一眼。

万里集团每年会从发展基金中拿出一些给学院用于学科建设，但是金额不固定。

在高等教育规模发展阶段，浙江万里学院不需要政府额外的经费投入，通过增加招生规模和全成本收费，既实现了政府发展高等教育的目标，也提升了自身的办学效益，体制改革是双赢的事情，其优势也非常显著。但是到了内涵发展阶段，科研发展与学科建设成为政府关注的重点，这方面对缺乏相应积淀的浙江万里学院而言，就没有了优势。

  各地方和高校对体制机制建设这块儿的兴趣也基本没有了，都把重点放在学科建设、内涵和质量建设这些方面了。换句话说，谁来办学不重要，关键是怎么把资源盘活，我不通过体制机制改革依然能达到这个目的。

因此，学院必须走应用型人才培养的道路，紧贴宁波市和浙江省区域经济社会发展的需求。

  我们新设的这些专业一定是跟宁波市、浙江省有关系的。学院设立的商学院在校生5000人，占学生规模的1/4，为什么？因为在浙江、宁波大家都喜欢读这个专业。当然我们也探讨一下为什么这样子？可能跟它的经济社会发展有关系，跟人们的观念有关系。如果要讲为地方经济社会发展服务，我们说民众有接受这种需求的，我们尽可能去满足他，所以说专业设置上有 7 个专业，招生人数它最多。

2011 年学院从商学院当中分出来一个现代物流学专业，主要立足于宁波作为港口城市，宁波现代物流发展依托这个大港，一定是宁波今后发展的一个支柱。

至于其他的为地方服务，学院也在鼓励老师们能够走出校门，进行一些横向的合作，但是浙江万里学院面临的难题是改制后进来的老师基本上是外地的老师，他们本身还需要一个本土化的过程，怎么样能够融入本地，怎么样能够跟企业、社会建立起合作的联系纽带和渠道，还需要学院进行推动。

【案例评析】

从万里模式的产生原因来看，它符合了浙江万里学院、万里教育集团和政府各自的利益诉求。在特定的历史时期，浙江农村技术师范专科学校由于面临的"师范""农村""专科"这三座大山，出现专业学历毕业生与《教师法》对教师资格学历要求的矛盾、办学稳定性与社会对职业教育师资需求小的矛盾、学校水平层次与有限经费来源的矛盾等，其发展举步维艰。而在 20 世纪 90 年代末，整个国家高等教育都进入规模快速扩张的阶段，政府的财政性经费投入捉襟见肘，只靠政府举办的单一模式是远远不够的。因此，在没有投入经费的条件下扩大招生规模，是各地政府都积极努力的方向，吸纳社会力量广泛参与办学势在必行，民办高校、独立学院、改制学校如雨后春笋般生长。万里教育集团的出现恰恰符合了教育主管部门的要求，集团作为全国首家全民所有制教育产业集团，在一定程度上降低了浙江农村技术师范专科学校改制后国有资产流失的风险。从万里教育集团来看，作为改制的"第一个吃螃蟹的人"，集团获得了极大的社会关注度，也提升了社会声誉，这为集团的可持续发展打下重要的基础。

从万里模式的成功经验来看，由于万里教育集团的介入，学校的管理者、举办者、办学者的职责、任务进行了有效的分工，通过职、责、权、利的重新划分，成功地理顺了三者之间的关系。作为管理者的政府通过职能转换，退出了举办者和办学者的舞台，更好地承担起了宏观管理、监督、评估的职责。而举办者（万里教育集团）和办学者（浙江万里学院）的职、责、权、利规定得较为明确。举办者的责任是以学校发展为中心，筹措办学经费，进行基本建设，并承担经济责任和投资风险，但不插手学校具体办学行为，给办学者以充分的办学自主权。而办学者（浙江万里学院）自被批准之日起就取得了明确的法人地位，依法独立开展教育教学活动，依法自主设置内部机构，确定引进人才计划，依法自主确定内部分配、福利和津贴标准，自主制定学历教育招生方案，调节系科招生比例，自主确定专业及专业方向等。①

万里模式作为现代大学制度改革探索的一种典范，并不具有可复制性，但也具有一定启示意义，那就是：对于高校组织变革以及区域高等教育体系建设来讲，既需要外部政策环境的支持，也需要内部办学理念的革新。外部政策环境支持的核心在于政府和教育主管部门要更新观念，转变职能，敢于真正把属于高校的办学权力下放给高校，只通过立法、拨款、评估、审计等手段进行宏观监控。内部办学理念革新的核心在于办学者能够在找准学校发展定位的基础上，根据高等教育发展规律和社会发展规律探寻符合自身办学特色的办学理念。

---

① 厦门大学教育研究院课题组，李国强. 万里模式：一种可资借鉴的现代大学制度[J]. 高等教育研究，2007（12）：42-52.

第五章
宁波诺丁汉大学
——中西合璧、公私合营的潜力型高校

2004年，在高等教育并不发达的宁波市建立了全国第一家经教育部批准、引进世界一流大学资源，并具有独立法人资格和独立校园的中外合作大学——宁波诺丁汉大学。这所由宁波市政府主办、英国诺丁汉大学与浙江万里学院联办的中外合作大学，从创建伊始就在政府与高校关系、中国文化与西方价值、国有力量与民营资本之间寻找着独特的自我定位。

一、建校动议——站在巨人的肩膀上

（一）宁波经济转型升级需要国际化的人才

改革开放以来，当全国其他地区还在实行计划经济的时候，宁波市就率先通过企业改制向市场经济转型，保持了经济持续快速的发展。但是2004年以后市政府已经感觉到，宁波经济掀起快速发展的体制机制的先发优势正在失去，需要转型升级。这个时候，摆在宁波市委市政府面前的问题是，宁波经济转型和发展的后劲靠什么？答案是，人才。

由于历史原因，一直以来，宁波高等教育资源的匮乏现状与其经济的发展水平都是难以解决的矛盾，在1998年全国高等教育规模大扩张的趋势下，宁波通过创新办学机制陆续成立、升格了3所本科水平的普通高校，但是对于具有国际化视野的高层次人才的缺乏仍然是令人头疼的问题。虽然国内一流大学培养了大批这样的人才，但是宁波市的人才引进工作却并不容易，如果能够引进国外优质教育资源到宁波来办，这将是更快、更稳定的一种做法。

当宁波市政府得知万里教育集团有创办中外合作大学的意愿时，不仅给予了政策和经费的大力支持，还大大提升了学校的层次定位。

开始英国诺丁汉大学提出要建小规模的学校，万里集团也打算将其作为万里学院的二级学院建设，把浙江万里学院旁边的一百多亩土地正好可以作办学之用。但是，对于宁波市政府而言，要么就不引进，既然引进就要办一所高质量、能够发挥引领作用的大学。

> 万里集团的初衷本来想提高浙江万里学院的层次,办成二级学院专门来带动整个学科建设,我们将我们的想法跟市长王兴国汇报以后,他跟集团的领导说,这个东西要么不搞,要搞就搞得大一点。那个时候他还批了几个字,"一号工程特事特办,合法合规,一路绿灯。"就这样,我们一拿到批复,马上就破土动工了,动作也特别快。(宁波诺丁汉大学副校长访谈笔录)

正是在宁波市政府和教育局的推动下,宁波诺丁汉大学从最初的以中外合作二级学院带动浙江万里学院学科建设的定位一跃成为国内第一家独立法人的中外合作大学,并将培养一流的国际化人才作为学校的办学理念。

(二) 教育多元化需要激发民营资本的热情

万里教育集团因1999年在承担改制浙江农村技术师范专科学校的过程中,创建了一种第三部门办学的大学模式——"万里模式"而享誉全国。正处于快速发展期的万里教育集团也需要吸引国内外优秀的教育资源,借鉴先进的教学模式。

> 改制万里学院以后,他们(指万里教育集团创办人)就深切地感觉到中国高等教育真的有很多需要改革的地方。万里学院如果从一个新办的高校一步步走,也可以,但是他们想能不能找到一种更快的办法。开始的时候,也希望借国内一些名校让万里学院的学科建设水平尽快地提上来,但是国内谈了很多"恋爱",包括跟人大、北大都谈过,但最后都没谈成。(宁波诺丁汉大学校长助理访谈笔录)

2002年以后,国内高等教育国际化的呼声日渐强烈。当万里教育集团的董事长徐亚芬女士在浙江省教育厅厅长的报告中听到,国家要引进国外教育资源的时候,她敏感的神经立马兴奋了起来,还没等具体的条例出台她就开始行动起来。

> 万里这批人敏锐地意识到这是一个机会,既然跟国内一些知名高校谈不成"恋爱",能不能跟国外的知名高校、一流大学

商谈，能不能借船出海一样，把人家沉淀了几百年好的一些东西直接吸收过来，尽快来提升万里学院的办学水平、学科建设水平。当初是这么一个设想，很朴素，也很直接。（宁波诺丁汉大学副校长访谈笔录）

就这样宁波市地方政府和一批对教育有追求、有激情的人一拍即合，达成了共同创建一所独立的中外合作大学的意愿，并在审批筹建过程中起到至关重要的作用，使得宁波诺丁汉大学的前期工作在万里教育集团的具体实施下得以顺利开展。

万里教育集团很重要，没有这批人是不行的，建这么一所中外合作大学首先是他们提出，政府只是恰巧也有这种需求。宁波这个机制比较灵活，依托企业，依托这样一批对教育有激情的人去做会更好。我们通过政府的途径沟通，次数是有限的，效率也难以保证，所以沟通是由他们来做的，包括省教育厅、教育部国际司，需要教育局出面的，我们也会帮助协调和沟通。（原宁波市教育局局长华长慧访谈笔录）

（三）英国诺丁汉大学国际化战略的需要

从20世纪90年代以来，高等教育全球化不断加速发展，其显著的标志就是各国学生赴海外求学的数量和研究人员的跨国合作都出现大幅增长。对于英国诺丁汉大学而言，学校不仅将国际化作为学校战略规划的核心，首次聘任非王室人员的国际化校长杨福家院士为该校的校长，还积极引领着高等教育国际化模式的创新——兴办海外校区。2000年，英国诺丁汉大学借助时任马来西亚教育部长是校友身份的机遇，在马来西亚开设了校区。正如英国诺丁汉大学校长大卫·格林纳威（David Greenaway）所讲，"以前曾有大学在海外有教研中心一类的存在，但是建立一个综合性的海外校区还是新的想法，正是我们率先完成了这个目标"①。事实证明，英国诺丁

---

① 《诺影随行》第9页"站在高等教育国际化潮头——记跨越两洲三国的诺丁汉大学"。

汉大学建立海外校区的国际化战略为学校提供了一个特殊的平台，使学校的师生拥有更广阔的视野和学习机会，从而在国际劳动力市场中获得成功。

与世界高等教育发展趋势相一致，从 2000 年开始，中国也进入了呼吁高等教育国际化、人才国际化的一个高潮阶段。万里教育集团抓住了这样的机遇。当得知国外的教育资源要在中国办学，学校的校长必须是中国人时，万里教育集团董事长徐亚芬在世界排名前 200 名的大学里，发现了诺丁汉大学，这个世界排名第 56 位、由中国人担任校长的学校。于是，徐亚芬马上和时任英国诺丁汉大学校长杨福家取得了联系，把整个万里的创新模式和现代大学制度一一介绍给杨校长，并把改变中国的传统教育模式，提高自主学习能力的意愿告诉了杨校长。①

杨校长带着这个特别的想法回到英国。由于这个想法完全符合英国诺丁汉大学的国际战略，所以很快就获得学校理事会通过，并于 2003 年初派了两个团到国内考察。实际上，学校只是将宁波视为中国考察之行的最后一站，因为英国诺丁汉作为世界知名大学，在国内还是有很多的合作伙伴，像北大、清华都有合作，而浙江万里学院这个在 1999 年才改制、2003 年还在为升本而努力的高校在中国高等教育界并没有太大的名气，当然在英方考察团的视野中也将这里视为最后值得考虑的地方。然而，当英国诺丁汉大学考察团的成员进入浙江万里学院参观后，感受到了万里教育集团独特的办学理念和超强的执行力，而这些正是官僚体制下国内公办高校所难以做到的。

更为重要的是，英国诺丁汉大学的管理层在中国建立校区的定位很清晰，它不需要一个学术很强的合作方，因为学校本身在教学与科研方面已经足够强大，它需要的中方合作伙伴是"行政能力很强，能够很快地从地方到中央沟通好，然后能够把事情干起来的"，毫无疑问，万里教育集团是比较理想的合作伙伴。

双方在经过几轮认真深入的谈判后，于 2003 年 10 月草签了合作办

---

① 《徐亚芬：高等教育改革的先行者》http://zt.cnnb.com.cn/system/2008/12/18/005924278.shtml.

学协议。2004年3月23日，教育部正式发文同意筹建宁波诺丁汉大学。4月15日，学校破土动工。下半年用万里学院的招生指标，按照诺丁汉大学的要求和标准，试招第一批学生。2005年3月，学校通过了教育部委派专家组进行的考察评议。5月，教育部正式发文同意建立宁波诺丁汉大学。这样的速度与效率或许也只有万里教育集团能够实现。

二、管理的融合与制衡

宁波诺丁汉大学的创立凝聚了政府、社会和国外学术组织等多方面的力量，这对学校的发展既是一种机遇，也无疑是一种挑战。在学校发展过程中，如何平衡三方的力量，使其各自能够发挥最大的作用，成为宁波诺丁汉大学面临的重要课题。

（一）相互制衡的治理结构

宁波诺丁汉大学在治理模式上采取理事会领导下的校长负责制，理事会是学校的最高决策机构。从实际运作上来看，可以总结为三个层面，即决策机构、管理机构、执行团队，和两个系统，即执行系统、党委系统（见图2）。决策机构（理事会）的成员分为执行理事（7人）与理事（8人），由投资方万里教育集团（4人）、管理方英国诺丁汉大学（7人）、监管方宁波市教育局和浙江省教育厅（2人）及宁波诺丁汉大学（2人）共15人构成，理事长与执行理事长分别由万里教育集团董事长和英国诺丁汉大学执行校长担任。

执行系统主要是理事会领导下校长管理机构与执行团队，包括学生事务工作中心、教务中心、人事部门等行政部门和后勤部门，以及院系等教学部门。由于英国诺丁汉大学财务总监的地位很特殊，他与校长一样由校理事会任命，是学校日常工作中的"二把手"，因此，在宁波诺丁汉大学，财务总监既对校长和执行校长负责，同时也对理事会负责。在功能上，理事会制定学校的发展规划，决定教育经费的筹措方案，审批合作学校的预算、决算，管理合作办学的资金与资产，决定负责人的聘任或解聘。

第五章　宁波诺丁汉大学——中西合璧、公私合营的潜力型高校

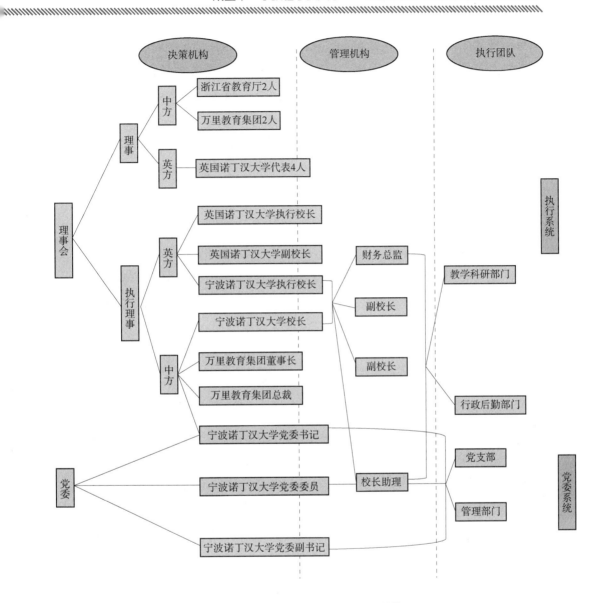

图 2　宁波诺丁汉大学的治理结构

党委系统作为学校重要的管理机构之一，起到监督、保障、传播、沟通的作用，以多种方式和途径参与到学校的运行管理工作中。学校的党委书记在 2006 年前由宁波市教育局局长华长慧兼任，之后华长慧书记则全职担任，与此同时他还是学校理事会的执行理事，参与学校重大事项的决策。根据宁波诺丁汉大学是英国诺丁汉大学和浙江万里学院联合创办的实际情况，学校除配备党委书记外，浙江万里学院党委的有关成

员与宁波诺丁汉大学党委交叉任职①。在管理机构的层面，学校主管行政的校长助理同时担任党委委员，以校长办公会的形式参与学校的教学运行。学校党委副书记由于曾任万里教育集团下属的浙江万里学院副院长，在某种程度上可以代表浙江万里学院进行学校的党委工作，因此，理事会和党委严格意义上不是隶属关系，而是交叉关系。

（二）多元化的经费筹措渠道

宁波诺丁汉大学由于多方参与办学的特点，在经费结构方面也呈现出举办者投入、政府补助、学费与捐赠等多渠道融资的局面。

在建校的初始阶段，整个资金投入量为 8 亿人民币。由于学校的建设被视为当年宁波市教育的一号工程，无论是浙江省还是宁波市都给予了极大的关注，浙江省政府和宁波市政府分别出资 5000 万和 1 亿人民币用于学校在高教园区 900 亩土地的购置，其余的 6.5 亿元由万里教育集团筹措用于校园建设。在学校投入运行后，宁波市政府在学校二期建设期间又投入 2 亿人民币，学校的学费也逐步从 2004 年的 5 万元升至 2008 年的 6 万元，再到 2013 年的 8 万元。

与宁波大学相似，宁波诺丁汉大学也非常重视校友与"宁波帮"的捐赠，学校的大楼也都以捐赠人的名字来命名。2012 年学校还正式注册成立了非公募基金会——宁波诺丁汉大学教育发展基金会，筹集和管理社会各界给予学校的捐赠，用于学校的人才基金、研究基金、学生创新创业等项目和活动。

然而，即便这样的高投入，学校还是依然难以进行理工类学科的人才培养，在最初办学的几年间，宁波诺丁汉大学一直以文经类的人才培养为主。但是中国也好，浙江也好，宁波也好，其经济发展的主导动力还是以制造业为主的实体经济。鉴于宁波诺丁汉在文经类学生培养方面的声誉和口碑，省政府、市政府就向学校领导层提出了办理工类专业的要求，毕竟英国诺丁汉大学这方面也很强。

---

① 华长慧, 徐亚芬. 构建中外合作大学党建工作新模式的探讨 [J]. 中国高等教育, 2006 (6).

我们当然也很愿意办，但是问题就出来了，英国诺丁汉大学理工类学费跟文经类是不一样的。很多国外的大学不同学科的收费标准都是不一样的，一般要相差30%~60%，我们也不可能在宁波诺丁汉起步阶段差别化收费，对读理工科的学费再涨30%~50%，这也不现实。（宁波诺丁汉大学副校长访谈笔录）

经过学校与宁波市政府的谈判与协商，宁波市同意承担宁波诺丁汉大学理工类学生培养经费30%的比例，即按生均16000元的标准每年对学校理工类专业的学生进行补贴，学校的实验室建设也按照专项经费予以配套。这在很大程度上缓解了宁波诺丁汉大学理工类学生培养经费短缺的难题，为学校未来的发展方向拓宽了道路，提升了学校整个学科建设的水平。

（三）规范的管理制度与人性化的管理风格

根据中英双方合作协议的规定，宁波诺丁汉大学由中方提供建设资金、后勤保障与学生服务，由英方负责课程设置、教学师资与教学管理，因此，"从课程、教学方法、体系、语言和资源配置来看，宁波诺丁汉大学采用英国诺丁汉大学的办学模式和标准，其学术水平以及学生的学习质量与英国诺丁汉大学相一致"[1]。在英国高等教育质量保障署（QAA）对宁波诺丁汉大学办学质量肯定的背后，是学校规范的管理制度与人性化的管理风格在支撑着宁波诺丁汉大学人才培养理念和一流师资团队的实现。

这里的教师首先是学校的真正主体，学校行政部门服务性的理念在教师群体身上得到体现。按照英国的法律规定，学校教室的工作温度必须在16℃~26℃，如果达不到这个温度要求，教师可以拒绝工作，所以在宁波诺丁汉大学的每一间教室、每一间办公室都有一个温度计。虽然这只是一个细节问题，但是学校曾经发生过这样的风波：宁波的冬天有时候很冷，零下四五度，有一天早晨，学校大报告厅的供暖系统出了问

---

[1] 英国高等教育质量保障署（QAA）对宁波诺丁汉大学的质量评估报告。www.qaa.ac.uk/InstitutionReports/Pages/University-of-Nottinghan.aspx.

题，学校员工不知道，虽然很早就开启了，但是因为天气冷，上课的教师上了一会儿课就感到很冷，看了看温度计，只有11℃，于是穿上衣服就走了，下面三百多学生坐在那里。

  这件事情给我印象最深刻的是什么，不是别的，而是我们的校长、英方校长第一时间得到这消息以后，跑到他的办公室去道歉，说对不起，我们没有把工作做好，我一定保证以后不会发生这样的事情。（宁波诺丁汉大学校长助理访谈笔录）

在这里，除了教师的尊严得到最大的尊重，学校行政部门的服务理念也得到充分的体现，"我们的教师就是搞科研搞教学的，其他事情不应该让他分心"。以申报课题为例，国内的课题申报全是中文，但是宁波诺丁汉的教师绝大多数是外籍教师，所以行政部门要将申报表格全部翻译成英文，待教师填好后再将教师的课题申报材料翻译成中文。

在人员的招聘考核方面，宁波诺丁汉大学也在公开自愿的前提下最大限度地实施人性化的管理。公开招聘的原则决定了所有来宁波诺丁汉大学应聘的人，无论是行政人员，还是教师，都是自愿的，在这样的前提下，相应的主管部门会结合岗位需求和应聘者特点进行人性化的考核。

  比如一个教师，年初会跟系主任谈，下一年度做科研应该达到什么目标，教学希望承担哪些课，这些他自己都很清楚，不会太离谱。人家来做这份工作，特别是老外，他的一个前提是喜欢干这个工作，所以他自己也都有要求。与此同时，教师还会向学校提出希望学校提供哪些支持，这就是系主任和学校要给他的服务。一般一年间教师与系主任会有三到四次谈话。到了年底考核，如果没有实现目标，会有第二次机会，如果第二年还没有达标，教师自己就会不好意思走人了。（宁波诺丁汉大学校长助理访谈笔录）

此外，学校还构建了各种专题性的工作流程，包括入学资格审查、教学管理、出境培训、学位管理、财务管理等各个互相衔接的子流程，力图将项目服务管理工作纳入标准化、规范化轨道。

三、中外合作大学需要党委和党建工作吗？

在宁波诺丁汉大学，有一个奇怪的现象，就是学生与教师党员群体的壮大，以及他们对入党的热情，尤其是出国交换回来的师生。截至2012年5月，宁波诺丁汉大学在校学生党员由2006年的161人增至511人，占在校生的10.2%，入党积极分子328人，入党申请者更是从2006年的408人增至2012年的1267人[①]。

为什么大三交换回来的学生写入党申请书的比前面两年还要多？

> 有60%~70%的学生提交入党申请，因为他在前两年也接受了我们的一些教育或者我们的一些批判性思维的引导，等他真正到了英国、美国，看到了他们的社会现状，再来对比我们改革开放三十年，我们一步步怎么走过来的，他会体会得更深，更加明白入党的含义。这样的党员，以后绝对是党和人民很放心的人，这也符合我们培养有批判思维人才的理念。除了更加深刻地领悟了入党的含义之外，加入党组织还会给曾经漂泊在外的学生与教师一种归属感。（宁波诺丁汉校长助理访谈笔录）

在宁波诺丁汉大学，我们看到了甚至比普通高校更加强大且深入人心的党组织的力量，这无疑是对曾经反对建立党委，甚至质疑中外合作大学的人的最好回应。然而，宁波诺丁汉大学取得如此丰硕的党建成果也是来之不易的。

（一）建不建党委？

在筹备建校之初，英方曾经对中外合作大学设立党委、开展党建工作提出质疑，但是当时的谈判代表之一——时任宁波市教育局局长华长

---

① 《诺影随行》第五期20页"把学生培养成心怀祖国的世界公民——宁波诺丁汉开创中外合作党建工作新思路"。

慧认为,"中国高等教育的发展,不能因为国际化抑或高等教育之间的国际交流与合作而放弃自己的价值取向和政治特色。中外合作大学是中西方教育开放的产物,更是中西方教育优势互补的结晶,这种特殊性决定了建立党委的必要性"①。

  西方教育的引进要充分考虑它的意识形态,又加上在中国理念当中,教育属于上层建筑的范畴,不仅会给学生,而且对社会产生影响,所以我们需要坚守中国应该坚守的东西,必须保证这所大学的发展方向遵循中国的法律法规,这是中方的底线。那么靠什么来坚守、来遵循?就是必须有一个党的组织。在中国,党是执政党,它领导政府,所以我们建立党组织是天经地义的,高等教育法里也强调大学党委领导下的校长负责制,但是英国人提出,《中外合作办学条例》里没有提到这个(指建立党委)。我们给的解释是,《高等教育法》是上位法,其中已有的东西《条例》当中是不需要再有的,没有的东西才写入条例。他最后没办法,也同意了。(原宁波市教育局局长、时任宁波诺丁汉大学党委书记访谈笔录)

高等教育国际化不仅是一种追求和理念的趋同,还包括各国如何保持各自的价值取向、独有的政治特色以及文化多样性的问题②。宁波诺丁汉大学的建立是中国高等教育国际化迈出的新步伐,但是国际化不是英国化,更不是诺丁汉大学化,国际化的内容当然也应该包括中国特有的价值和理念。按照宁波诺丁汉大学党委书记、时任宁波市教育局局长的说法,这就是一种国家的自觉,是骨子里对自己国家的一种感情。就好像在建校之初,英方提出在学校建教堂一样,这并不一定是他们故意刁难,只是他们的国家自觉驱使他们这么做。

其实早在学校申报之初,在教育界内部就已经产生关于教育意识形

---

① 华长慧. 探索中外合作大学党建工作新模式 [J]. 中国高等教育, 2013 (5): 31 - 32.
② 侯定凯. 象牙塔是平的 [M]. 上海: 华东师范大学出版社, 2010.

态的争论，其核心问题就在于，引进国外的大学会不会向国内渗透西方的意识形态？毕竟，教育服务不同于一般产品，它包含着特殊内容，是传播与渗透教育制度、文化意识和价值观的一种有效方式①。宁波市政府作为建设宁波诺丁汉大学的重要参与方，在这个问题上显然更加乐观，也有了较为充分的准备，那就是建立党委。

> 我们国家每年有17万的孩子被送到国外去，他们全天候地接受西方思想的渗透，但是他们之中相当一部分都回来了，表现出他们的爱国之情，因为他们的根在中国。现在我们把这批年轻学生留在中国境内学习，还有共产党的党委，他们可以渗透我们，我们也可以渗透他们！（原宁波市教育局局长、时任宁波诺丁汉大学党委书记华长慧访谈笔录）

最终，在双方的共同努力下，通过了关于在宁波诺丁汉大学建立党委的讨论，这其中既有中方谈判代表的坚持，也有英国代表对中国法律法规的尊重。

（二）党建工作怎么做？

华长慧书记在从事了多年公立高校和宁波市教育局领导的工作后，面对宁波诺丁汉大学党委书记这一职务，有着这样的反思：

> 宁波诺丁汉大学"非中""非外"，有它自身独特和鲜明的个性。一是管理模式国际化，由外方代表担任执行校长，按照英国诺丁汉大学的管理方式实施管理；二是人才培养目标国际化，学校致力于培养国际化人才；三是教育理念国际化，与国际接轨，教学方法强调互动，以启发讨论式为主；四是学生构成国际化，学生来自许多不同国家，可以实现多元文化的交流、碰撞与融合；五是师资队伍主体国际化，以英国教师为主体，教师80%来自国外。学校的独特性决定了它既不同于国内普通

---

① 石子伟. 外国大学的进入对我国高等教育领域的影响及启示 [J]. 对外经贸实务，2013（7）：93-96.

高校，也不同于西方的一些大学。因此，在这样的大学开展党建工作，照搬中国高校的通行做法不甚妥当，而放弃党建工作更是一种不负责任的表现。①

带着对中外合作大学党建工作的决心和信心，以华长慧书记为首的宁波诺丁汉大学党委在实践工作中逐步探索出一条独特的党建工作体系和方法，并取得较好的效果。

1. 确定中外合作大学党委的定位

党的十七届四中全会审议通过的《中共中央关于加强和改进新形势下党的建设若干重大问题的决定》指出：哪里有群众哪里就有党的工作，哪里有党员哪里就有党组织。在我们国家的普通高等学校，党建工作的领导主体是学校党委，普通高校也普遍实行党委领导下的校长负责制，所以，党委在高校工作中占据核心的地位。但是，中外合作大学的党委，其所处环境与国内传统大学相比，呈现出明显的差异性。（原宁波市教育局局长、时任宁波诺丁汉大学党委书记华长慧访谈笔录）

宁波诺丁汉的党委书记华长慧显然对中外合作大学的党建工作有着更深刻的体会和思考。

针对中外合作大学党委与其他普通高校党委的差异性，宁波诺丁汉大学党委确立了"监督、保证、传播、沟通"的党建工作原则。监督就是党委通过"知情、参与、建议、督促"，让中外合作大学的运行遵循中国的法律法规，坚持高校正确的办学方向；保证就是为学校按照英国诺丁汉大学先进的教育理念、教学内容和教学方法组织教育教学活动提供支持、做好服务；传播就是介绍马克思主义中国化过程中我国所取得的革命建设改革成就，使学生了解中国国情，确立祖国意识，放眼国际视野；沟通就是沟通中英双方及学校与社会之间的关系，促进中英双方合

---

① 华长慧，徐亚芬. 构建中外合作大学党建工作新模式的探讨 [J]. 中国高等教育，2006 (6).

作共赢，促进学校与经济社会的结合①。

在确立了党委基本工作原则的基础上，党委通过多种途径与宁波诺丁汉大学的运行管理工作实现交叉。一方面是人员身份的正式交叉，学校党委书记同时参加理事会，是执行理事会成员，学校党委委员同时以校长助理的身份参加校长办公会；另一方面是非正式的沟通，党委书记与学校执行校长每两周进行一次会面，沟通学校教学管理中的一些重大问题。

宁波诺丁汉大学的实践表明，明确的党委工作定位是中外合作大学有效开展党建工作的核心起点，也将有助于探索适合中外合作大学党建工作的领导方式、组织架构和工作制度②。

2. 改造两课

宁波诺丁汉大学作为中外合作大学的特性决定了西方社会的价值标准、社会文化将影响学生的人生观、价值观、道德观，但是作为在中国境内创办的一所独立大学又决定了学校必须按照国内的相关规定开设"两课"，然而这又是英方所不能接受的。那么应该如何解决这样的矛盾呢？中国文化课的想法就应运而生。

> 每个国家都有自己的文化，这个文化实际上就是意识形态，我们国家的文化就包含了我们党的要求、政府的要求。我认为我们开设这门课程，既接受我们国家的要求，同时也让西方能够理解，比如开马克思主义哲学课，世界上这么多知名哲学家，为什么开他的课，而不开其他哲学家的课。中国文化课当然有中国自己的文化，任何一个国家对自己的文化，都主张既要继承，又要弘扬。(原宁波市教育局局长、时任宁波诺丁汉大学党委书记访谈笔录)

---

① 《诺影随行》第五期20页"把学生培养成心怀祖国的世界公民——宁波诺丁汉开创中外合作党建工作新思路"。
② 赵风波，鲁俊生. 中外合作大学开展党建工作面临的主要挑战和实践智慧——基于宁波诺丁汉大学的数据 [J]. 中国职工教育，2013 (1)：103-104.

每个国家的高等教育都植根于一定的民族文化土壤,并受到国情的制约,民族化是国际化发展的基础,也是高等教育得以发展的重要条件,因此如何处理好两者的关系尤为重要①。

除此之外,作为一所国际化的中外合作办学高校,每一个学生还需要以批判性思维审慎理解"非中国人"的学术立场。

> 在宁波诺丁汉大学,学生所接受的是国际化的教育模式和知识体系,所使用的是与英国诺丁汉大学同步的原版英文教材,学生在受到国外先进的教育理念、知识体系传授的同时也长期受到来自"非中国人"学术立场的灌溉,从而造成学生面临如何审慎理解"非中国人"学术立场的困境。这里,如果学生失去了对"非中国人"学术立场的判断和把握,就可能会失去对学术本身的理解和把握。(宁波诺丁汉大学思想政治理论课程改革情况的报告摘录)

基于以上的考虑,学校探索并构建了"一门课程,两本教材,三条路径"的基本构架,创建了全新的中外合作大学思想政治教学课程体系——"中国文化课"。在宁波诺丁汉大学,所有本科一年级的中国籍学生都要学习这门课程,这门课分"中国思想文化概论""中国近两百年历史""中国法律研究和大学生思想道德修养"三门科目。整体来讲,有两条主线:一是以中国文化为主线,介绍中国文化与当代大学生成长成才;二是思想政治课的主线,把近代史、中国国情、法律常识等内容融为一体。

在教学形式上,课程采取专题讲座的形式,分为必修专题和选修专题,以探究式的学习方式为主,培养学生自主学习与研究的能力。学生的考核采取宁波诺丁汉一贯坚持的考核方式,以论文和小组讲述为主。这种考核形式特别要求组内成员的默契配合,培养学生的互助协调和分工合作能力,也能够激发学生对学术研究的热情。

---

① 民盟上海市委课题组. 关于中外合作办学运行机制的思考——以上海纽约大学为例[J]. 教育发展研究, 2012 (7).

第五章 宁波诺丁汉大学——中西合璧、公私合营的潜力型高校

在宁波诺丁汉这样一所采用英式教育体制的大学校园中，中国文化课作为对"两课"的改造不仅使得英方能够接受，也更加凸显了中国传统文化的独特魅力，使学生在中外对话的张力中体会到中国文化与众不同的思维方式和处世学问。

以专题形式开展的课程并没有给我们一个孰是孰非的答案，而是更多地提供给我们一个中西方思维的碰撞和思考空间。所有这一切都体现了校方以学生为主体的教学方法，更是学校"一流学术成就一流国际化人才"办学理念的具体实践。（摘自校办刊物《诺影随行》第五期第20页）

3. 德育工作

在宁波诺丁汉大学，德育工作是党委系统的重要工作之一，其重要性甚至超过国内其他的普通高校。

首先，在中外合作这类大学，我们的学生每天接触老外，读的都是洋文，在这种框架下，怎么样继承传播我们民族的东西，比国内的其他大学显得更为重要。其次，大学生十八九岁进来，世界观、价值观、人生观可塑性很大，有没有一种正确的东西去引导，或者主流的东西去影响，也是很大的不一样。最后，我们学校培养的是国际化人才，但一定是有一颗爱国心的国际人才。那么怎么才具有爱国心？在国家利益遭受威胁的时候能够有很自觉的行为来去维护它。这不是说就有、天然养成的，而是需要去引导、培养的。（宁波诺丁汉大学副校长）

在这所学校里面的每一个学生，他们首先意识到，自己不仅仅是这所学校的一名学生，而首先是中国人，中国人就应该有中国意识，中国意识就是对中国的感情，这就是爱国主义。

奥运会前夕，达赖要到英国诺丁汉市访问，而且要到英国诺丁汉大学发表演讲。当时我们有126个学生在英国诺丁汉大学做交换生，得知这个消息，他们就理性地报告了学校党委并

组织起来抵制达赖。结果就在达赖访问的那几天,我们在宁波诺丁汉大学组织召开一个世界经济高级研讨会,把诺丁汉市长、议长邀请到这里来。把校长邀请到这里来了,那达赖去不就空巢了吗,他就很尴尬,所以就没成功。相反,达赖到牛津去的时候,牛津的市长和校长就接见了他。可以看得出,我们这些学生警惕性很高,表现出了真正的爱国意识。(宁波诺丁汉党委书记)

宁波诺丁汉大学是一个多元人群、多元方式交织的熔炉,然而在中外文化呈现显著差异的背后,在很多方面仍然具有相通性,包括对人的尊重、理解和关爱,包括对真、善、美的追逐,包括对社会责任感的认同,包括对全球环境、安全、健康等议题的关注。因此,融合尊重、理解、关爱等价值观的德育工作也是学校党建工作开展的重要推手①。新生刚入学第一周的新生适应课上,学校党委书记都要做题为"学会做人、学会学习、学会承担社会责任"的报告,党校的第一课不是党的性质与政治信仰,而是"从学会做人走向中国共产党"。

四、与国际接轨的人才培养质量保障体系

与其他中外合作办学机构相比,宁波诺丁汉大学最独特之处在于,它不仅引进世界百强大学英国诺丁汉大学的优质教育资源及课程体系,还采用英国诺丁汉大学的质量保障体系。学校各项教学管理的依据是英国诺丁汉大学的质量手册,质量手册对各项教学管理实施的标准及程序有明晰规定,颁发与英国诺丁汉大学本部完全一致的学位证书。

作为全面接轨英国诺丁汉大学质量标准的重要保障手段,宁波诺丁汉大学与英国诺丁汉大学共同设立考试委员会,敦促考试标准一致、公正和科学。宁波诺丁汉大学教师编写的试卷要寄到英国诺丁汉大学评审,

---

① 赵凤波,鲁俊生. 中外合作大学开展党建工作面临的主要挑战和实践智慧——基于宁波诺丁汉大学的数据[J]. 中国职工教育,2013(1):103-104.

敦促试卷的难易度与英国诺丁汉大学的标准保持一致。质量手册对教师的试卷打分有严格规范，必须确保评卷教师是本学科领域的资深人员。所有涉及学分的考卷和论文还将会寄到英国诺丁汉大学，由同专业的教师抽样评审，并按一定比例由校外考官评阅，确保打分科学性。

除了定期接受英国诺丁汉大学的质量检查，宁波诺丁汉大学还接受英国高等教育质量保障署的质量评定。2012年12月，英国高等教育质量保障署通过收集学校提供的资料以及与教职员工和学生深度座谈等形式，对宁波诺丁汉大学进行实地质量评审，对学校的运行架构、招生标准、学生指导及服务、学生反馈、考评管理等内容进行审核，在每一个环节中对比宁波诺丁汉大学的做法与英国诺丁汉大学的做法是否一致。英国高等教育质量保障署对宁波诺丁汉大学质量评审报告中写道："宁波诺丁汉大学的教学标准及学生学习体验的质量与英国本部保持一致，为中国学子提供在中国就能享受到英国诺丁汉大学学习体验的机会。"目前，学校的商学院获得了欧洲质量提高体系（EQUIS）的认证，理工学院所有工程类专业和计算机专业均获得国际专业机构的权威认证。

五、国际化还是本土化？

中外合作办学在国内还是一个正在发展变化的新事物，在实际的办学过程中，诸如宁波诺丁汉大学这类中外合作办学在焕发新生命力的同时，也难免会遇到跟原有的规章制度、法律法规、评判标准不匹配的问题，追根溯源，都是学校身份问题的尴尬。

按教育部的批文，宁波诺丁汉大学是省属的高校，由浙江省人民政府管理，但是在科研方面，学校要跟很多不同的部门打交道，比如国家自然科学基金委员会、全国哲学社会科学规划办公室、科技部等，因为还要在这些部门获得科研的身份。

> 我们开始有几个很好的教授，写得那么厚厚的计划书交上去，结果形式审查阶段就被淘汰了，因为我们学校不是国家自然科学基金的受理单位，那么首先要解决身份问题，到他们那

里注册，然后再通过系统报上去。（宁波诺丁汉校长助理访谈笔录）

科研一视同仁在理论上是可以做到的，但实际上是永远不可能的。学校的师资以外籍教师为主体，由于语言的差异、文化的差异、国内外学术评价标准的差异等，很多教师在课题申请的时候很多原有的工作基础没有被认可，或者申请计划书的写作结构与思路和国内不一致，而失去了公平竞争的机会。

"这所学校以后是要办成中国特色的英国高校，还是要办成具有英国特色的中国高校？"这是自建校以来，无论是在学校内部，还是在教育领域，都争论不休的话题。总体来看，主要分为两派：一方认为本地化更重要，接受国外的先进经验最终还是要扎根在国内，应该以中国为标准；而另一方的观点认为，现在国际化的重点就是要把国外好的东西先学过来，因此不要急着本地化，应该先国际化，把自己提升到与国外高校同等的水平。然而，在实际的办学过程中，很难严格划清本地化与国际化的界限，甚至有时候会出现一定的矛盾。

在宁波诺丁汉大学曾经在消防问题上出现过这样的问题：学校的房子都建好了，消防验收都合格了，可以给学生开放了，但英国人来看后说不行，因为既没有喷水的龙头，也没有防火隔离的设施，楼下的门都是铁门还加锁，都不是一有火警就能推得开，于是要求改造，而改造就涉及很多钱，包括防火门、消防报警系统等。这是一个很现实很简单的问题，我们应该怎么做？是本地化还是国际化？（宁波诺丁汉校长助理访谈笔录）

【案例评析】

受政治模式的影响，我国的高等教育一直处于政府高度集权下的监管状态，即使新兴的中外合作办学机构亦是如此。这主要表现在：其一，对中外合作大学的管理注重文件审批而轻视后续管理，以致中外合作大学的各项事务必须层层上报相关部门，效率低下；其二，在学校内部运行的管理上,往往按照传统的高校管理模式,以致政府的行政因素过度渗入,影响了学校的日常管理运行;其三,在中外合作大学的课程和教学安排上没有区别对待,仍然坚持既定规则,如要求设置相关课程且教学时数达到相关标准①。总而言之,政府仅发挥了对教育发展的监控功能,而未体现出服务功能。而宁波诺丁汉大学建设发展的案例则为地方政府建立高等教育公共治理模式提供了很好的案例参考。

首先,在学校的建立上,宁波市政府在举办申请者——万里教育集团、英国诺丁汉大学与审批者——教育部之间充当了非常重要的桥梁作用,使最初的建成二级学院的动议升级为独立法人的大学机构。第二,作为举办者之一,宁波市政府利用专项经费的杠杆撬动和引导学校的人才培养与科研定位,实现资源的精准投放。如为了鼓励宁波诺丁汉大学为宁波培养更多的理工科的国际化人才,从而更加匹配地方经济社会发展的需求,政府对其理工科专业每年提供生均1.6万元的补贴,而非以全面铺开拨付生均经费。第三,在学校的实际运行中,以三个层面、两个系统的治理结构实现中外双方的相互制衡。一方面以党委系统为引领,发挥政治核心作用,把握正确的办学方向;另一方面又充分尊重中外合作办学中外方大学的专业组织特点,依靠以诺丁汉大学为主导的执行系统进行管理,给予学校自主空间进行模仿和学习,保障学校的办学自主权。

虽然在国际化与本土化相融合的道路上还困难重重,但是宁波诺丁汉大学与地方政府已经建立起了良好的互动合作关系,这无疑为学校的未来发展奠定了重要的基础。

---

① 民盟上海市委课题组,金忠明. 关于中外合作办学运行机制的思考——以上海纽约大学为例 [J]. 教育发展研究,2012,32 (7):1-6.

第六章
宁波工程学院
——夹缝中成长的"嫡系"高校

宁波工程学院，前身是宁波高等专科学校，从严格意义上讲，是隶属于宁波市政府管辖的唯一一所本科高校，也是宁波市唯一一所从高专升格的本科高校。然而，就是这样一所由宁波市政府亲手抚养长大的孩子，在宁波市的高等教育资源配置中，却常常得不到他们所期盼的支持，不得不面对"成长的烦恼"，独自体会着心中的不平。

一、艰难的"专升本"之路

学校创建之时，恰逢宁波市因其区位优势，被列为全国进一步对外开放的沿海14个港口城市之一，国务院决定把宁波市建设成为华东地区的重要工业城市和对外贸易口岸、浙江的经济中心。为了适应对外开放和经济发展的迫切需要，中共宁波市委和市人民政府决定于1983年2月开始筹建一所以工科为主的综合性高等学校。

1983年由宁波市政府主办、原联邦德国援助我国合作建立了宁波高等专科学校，与南京工程学院、合肥学院、浙江科技学院一起，成为当时援建的四所高专院校。德国援建的基因自建校之日就植根于学校，促使学校树立了应用型人才培养的定位，也从德国学到了应用型人才培养的实践经验。

宁波高专的创建应该说是顺应了宁波经济社会发展的客观要求。省、市领导高度重视并多次来校视察，把宁波高专列为市重点建设工程。然而宁波高专的建立过程却并不顺利，教学设施、后勤保障等条件都较为拮据。为了解决这些问题，宁波高专还创造了不少至今为人所乐道的办学"奇迹"。在中国高等教育的大环境中，长期未建立起对高等职业教育的合理定位，对于20世纪90年代末的一所以专科教育为主的学校，不升本就没有社会声望，就没有好的生源，就无法获得政府足够的重视，也就得不到相应的支持。一句话，不升本就没有出路。

按照学校的发展计划，首次"专升本"于1999年启动。当时浙江省人民政府向国家教育部发了《关于建立宁波工程学院的函》，由于全省高等学校布局结构的原因，也由于学校申本属于"单校单科"，在内外条件都不充分的情况下,此次申报未获通过。但按照当时学校领导的说法,宁波高专在20世纪90年代后期已经具备了冲击本科的实力,失败不是实力的问题,而是诸多外部因素所累。

> 当时浙江有五所学校申请(专升本),但是我们是宁波的学校,其他的是省里的学校,结果是嘉兴的那个学院排在了第一,而把我们排在了最后。要我说,在五个(学校)里面我们绝对是最好的,这当然也有不同的说法,但至少(这种排序)不太公平,结果可想而知。宁波市领导也比较生气,所以后来想出来跟重点大学一起合作。(时任宁波工程学院院长访谈笔录)

2000年,宁波市政府尝试以宁波高专为基础,以宁波高专正在建设的校舍为基地,联合浙江大学举办宁波理工学院。但2001年6月,宁波市委、市政府最终决定,宁波理工学院由浙江大学接办、管理,宁波高专与宁波交通职业技术学院(筹)合并。由此,宁波高专的第二次"专升本"工作再次搁浅。

> 市政府找了浙大,由他们学校来帮助我们。我当时还没有来这所学校,听说当时可以合作的重点大学还有北大,只是那时候北大还没到,但北大党委已经通过,只是政府建议与浙大合作,这事就过去了。浙大后来一直没有回音,拖到两年以后,那个高校升格的好机会也就错过了。(时任宁波工程学院院长访谈笔录)

对于这个阶段的学校发展以及宁波市的高校发展的安排,宁波高专有满腹的委屈,学校"屈从"于政府的安排,不仅没有实现久盼的"专升本",反而白白浪费了很多机会。

> 宁波市政府(让浙大和宁波高专联合)的想法没错,我们觉得浙大如果想办好肯定也能办好的,但是浙大根本没有想过到宁波市来和咱们一起办,因为它如果真要一起办,不应该找三本,应该找一本。浙大不应该找那些老弱病残(的人)到这里来,也不应该一天一车拉老师来,应该是正式老师住下来,

更不应该把到浙大去求职被淘汰的人安到这里来。现在政府怎么定那就怎么定，给我的任务是办好浙江最好的专科。有一个交通职业技术学院跟我合并，我们还是送了三十几个老师、十几个工作人员给他们，但是这批人也都很好，也很出色。既然是政府的学校，那就听政府的，这个没有话说的，但总之挺不自在的。（时任宁波工程学院院长访谈笔录）

经过一年多的发展，合并后的宁波高专在专科领域已经具备相对优势的地位，同时考虑到一些客观的外部条件，学校正式启动了第三次申报工作。

我们合并一年以后，我跟政府汇报，我们已经是浙江最好的专科学校了，那叫我怎么办？第一，我们还是应该升本科，因为宁波没有二本学校，老百姓要么读一本，要么读高职，对老百姓不公平；第二，宁波整个教育机构本科少、专科多，大部分专科，当时是三分之二专科；第三，工科少，其他科多；第四，我们学校要发展，市政府、省政府、专家都认可，2003年年底教学高校师资委员会开会的时候，全票通过，没有一个落下，原因很简单，他们就看你是不是示范性高职，如果是的，那就行了。（时任宁波工程学院院长访谈笔录）

宁波高专的第三次"升本"开始于2002年。这一年5月，学校在四届一次教代会上做了"力争办成应用型本科院校"的动员工作，在之后的三年，历经申报、迎评、转型多个阶段的持续努力，最终在2004年实现了由专科升格为本科的历史性突破，更名为宁波工程学院，进入学校发展的新时期。

宁波工程学院的升格过程，从一开始受限于自身的软硬件条件，到后来的押宝于重点高校的校际合作，可谓是一波三折。让宁波工程学院心有不平的是，他们认为自己在这个过程中受到了不公平的对待，并客观上成为宁波市教育规划布局的牺牲者，这一点在访谈中的感受尤为明显。

二、应用型本科的管理转型

在学校升格本科后的第一个五年,学校领导层首先着手的是通过管理改革和教师分流扭转学校全体人员的观念。

> 学校升本之后我做得最多的事情,就是怎么样真正把一个学校变成一个本科学校,把你的行事习惯、思维规范变成本科学校。举一个简单的例子,我们学校之前到了寒暑假所有的办公楼、宿舍楼、教学楼的大门都是关闭的,教师的暑假都是用来备课的,行政和后勤怎么能放暑假呢?甚至有后勤人员还要求暑假上班有加班费。这怎么可以?我2006年在学校升本后的全校教职工会议上就强调,升本后的学校一方面要加强学科研究,另一方面就是转变思想。(时任宁波工程学院院长访谈笔录)

学校升格转型的第二板斧就是通过教师学历提升和教师分流加强师资队伍的建设。在宁波高等专科学校时期,学校行政机关的人员规模一直很小,不到100人,这是学校领导有意而为之的。

> 学校升本后规定,给35岁以下教师3年时间拿硕士学位,拿不到就转岗至行政人员,所以在这之前学校一直维持小规模的行政人员,就是为了留位置给淘汰的教师。教师转岗直接就带来行政人员专业化管理水平提高。

三、应用型人才培养的升级之路

(一)人才培养定位:现场工程师

大学没有特色就没有优势,没有优势的大学缺乏竞争力,也很难成为一所合格的大学,教师和学生也是如此。就学校而言,"合格+特色"就是通过规范化建设,不断总结提炼先进的办学理论和一流大学理念，顺利通过教学评估，同时注重实践、注重创新，将特色转化为实际的竞争力，形成鲜明的办学特色。（宁波工程学院原院长高浩其在学院教学工作大会上的讲话摘录）

作为一个升格而来的大学，宁波工程学院深知自己并没有踩好最佳的时间点，错失了大量发展机会，因此办学的特色对它的存在和发展就显得尤为重要。值得庆幸的是，在二十一年专科办学历史中，宁波高专培养了许多社会反响很好、社会适应性非常强的学生，这些学生以及相关培养模式的存在和发展，为宁波高专的发展奠定了很好的社会基础，也成为宁波高专及其后来的宁波工程学院办学特色的来源。

但是，专科层次的应用型人才与本科层次的应用型人才究竟有怎样的差异？这也是宁波工程学院升格后一直在思考和探讨的问题。

我理解技术是这么几个层面的：第一是原创性的技术，这个不是我们干的，这是最高级的应用型人才，那是清华培养的；第二个层面是技术的应用开发，也许是原来的技术重新组合一下，也许是创新的成果把它开发到可以使用；第三是技术应用，第四就是更低级的技能型人才。我认为我们的定位就是以应用为主，开发为辅，培养现场工程师。（时任宁波工程学院院长访谈笔录）

所谓"现场工程师"可以从3个"链"的角度来阐述：（1）技术链——技术创新、技术开发、技术应用、技术服务和技能操作等。在这一"技术链"中，新建工程学院的人才培养目标定位处于中间地位，即注重技术应用、技术开发和技术服务。现代工程师——应用开发型高等技术人才，应坚持以技术应用为主，辅之技术开发，两者合称为应用开发型人才。应用开发型高等技术人才主要在生产、建设、管理和服务第一线从事现行技术应用工作，同时，也应当以明确的现实需求为目标，进行技术的再开发和初步或局部的技术设计工作。这种开发既指对现行常规技术的革新和再开发，也指吸收、运用高新技术对企业新产品、新工艺、新材料、新方案的初步设计和开发等。（2）工程链——研究、开发、设计、制造、运行、营销、管理和咨询等一系列过程。在这一"工程链"中,新建工程学院主要培养从事制造、运行、营销和管理等工作的工程师。(3)职务链——高级工程师、工程师、助理工程师和技术员等。据此,新建工程学院所培养人才的基本规格是在校期间接受现代工程师的基本训练。①

(二)人才培养路径:知行合一,双核协同

"知行合一"本身是宁波工程学院的校训,但同时它更是学校希望给予学生的一种理念。

> 知行合一,本身从孔子时代就开始有这个命题了,后面孙中山、陶行知都对它进行过论述,我们对它的理解更多的是理论与实践的统一、知识与技能的统一、智慧与美德的统一,即三个统一。我们对它赋予了内涵,不管他们的理解怎么样,我们借助这个东西,赋予了它一个新的内涵,知行合一,本身也是我们的校训。(时任宁波工程学院院长访谈笔录)

学校在"知行合一"的基础上提出了"双核协同"的概念,即核心知识和核心能力的协同发展。核心知识,就是在整个的知识体系里面,要求每一个专业的培养方案必须有一部分属于该专业的核心课程,以及构成这些课程的核心知识。

> 因为学生的学制虽然有四年,但是他们的学习过程时间非常有限,学校强调核心知识和核心能力的协同发展。核心知识,就是在整个的知识体系里面,我们要求每一个专业的培养方案必须有哪些是属于它的核心课程构成的核心知识。比如有7~10门课是核心的,在这之外再有一些模块化的课程,这样学生有一些核心知识的话,他的通识素养与一般的素养就能够具备了,而做人的一些素养,包括一些专业的素养,也能够具备了。(时任宁波工程学院院长访谈笔录)

---

① 高浩其,徐挺,李维维."知行合一、双核协同",现代工程师培养模式的探索[J].高等工程教育研究,2007(4):18-21.

核心技能是指每一个专业都要能够提供两到三个专业核心技能的培训，使学生能够提高综合实践能力。这部分主要通过职业资格考证教育和针对就业岗位群的单项技能培训来实现。

> 我们要求每个专业必须有两到三个核心技能。因为现在培养能力的方面很多，任何一个专业，要做到专业工程师，可能每一个技能都有 11+1 项标准，我们至少要将 12 项标准交给学生，这 12 项标准都是以能力的形式体现的。核心能力是什么，比如电信学院的技科专业的学生和电信工程的学生，这两个专业要求不同，社会的需要不同，满足的要求不同，就必须要相应地设计自己的核心能力，每一个专业要求有两到三个核心能力，核心的知识和核心的能力怎么配套、怎么协调，在方案里要求体现，再接下来要体现在课程中核心知识和核心能力怎么协调。（时任宁波工程学院院长访谈笔录）

在"知行合一，双核协同"总模式的统领下，宁波工程学院的各个专业积极探索独具特色的分模式。应该说，各专业核心课程与核心技能之间的相互渗透，协同发展，使学生提升了专业核心竞争力。

> 我们基本按照这个思路在做，如果说知行合一是一个理念，那么双核协同是我们一个实现的路径。这是我们一个特色，围绕这个特色，要求各个专业围绕知行合一、双核协同，还有自己的一个模式，创新自己的模式，电信有 2C+1 的模式，其他人文、会计，每个专业都有自己的提法，但是这个提法都和知行合一相吻合，和我们顶层设计相吻合，这样能落实到专业设计中、专业实践中。通过双核协同，老师上课也要求这样，现在搞的教学设计与创新必须体现双核协同，体现我们学校的一个顶层设计，才能落实到课堂 45 分钟，落实到学生的培养中间。就是这么一个特色，形成一个模式体系。（时任宁波工程学院院长访谈笔录）

(三) 人才培养抓手：卓越计划 123 模式

确定了升格后的学校人才培养的定位与路径，接下来就需要找到实现目标的抓手，国家"卓越工程师计划"的推出给学校提供了一个绝佳的契机。

2010 年教育部为贯彻落实《国家中长期教育改革和发展规划纲要（2010—2020 年）》，面向工业界、面向世界、面向未来，培养造就一大批创新能力强、适应经济社会发展需要的高质量各类型工程技术人才，推出了"卓越工程师计划"，以促进工程教育改革和创新，全面提高我国工程教育人才培养质量，努力建设具有世界先进水平、中国特色的社会主义现代高等工程教育体系，促进我国从工程教育大国走向工程教育强国。2010 年 6 月，宁波工程学院成为入选教育部首批卓越工程师教育培养计划 61 所实施高校之一，这是学校建设发展、提升人才培养质量的又一转折点。

在教育部卓越计划首批 61 所试点院校中，其中有 11 所地方新建本科院校，宁波工程学院作为试点学校中最年轻的本科高校，获得了进入全国同类高校前列的重大机遇，从此开始了规模最大、改革最深的工程教育探索，一举站到了工程教育改革的前沿。以卓越工程师教育培养计划作为工程教育改革的切入点和突破口，对于进一步推进学校人才培养模式的创新起到了关键性作用。

宁波工程学院认为，一个卓越的工程师应具备积极人生态度（Initiative）、工程专业素养（Industrial）和综合应用能力（Integrative），简称"3I"。因此学校教学"特色"的培养并不能仅仅指向学生个体，更多的是学校各二级学院结合自身专业特色开展的人才培养模式改革，把学生塑造成集知识、能力与品德于一身的卓越工程师。这解决了培养目标的问题，也构成了宁波工程学院"卓越计划 123 模式"的内涵。

在"知行合一，双核协同"总模式的统领下，学校的各个学院取得了不错的成效，"卓越计划""CDIO""3+1"等模式各具特色，教学改革成果显著。

学校出台了《宁波工程学院关于实施卓越工程师教育培养计划的若干意见》，提出"卓越计划123模式"，推进以"卓越计划"为引领的新一轮教育教学改革，将"卓越计划"的实施置于特色发展，提升层次，进一步提高人才培养质量的战略高度。通过卓越计划实施的契机，学校努力提高学校办学水平，在现有办学基础上，以学科建设为依托，以校企联合为平台，以课程体系改革为核心，人才培养更加突出应用性，注重创新性，着力提高学生的工程意识、工程素质和工程实践能力，不断完善"知行合一，双核协同"人才培养模式，培养高级工程专业人才，为工程教育改革积累经验。注重应用开发型人才培养，致力于打造现代工程师摇篮的同时，全方位促进学生成长成才是学校向社会输送合格人才的基本保障。

"卓越计划123模式"，并不是新的东西。"1"指的是一个校训（即知行合一），"2"就是双核模式。我们在这个模式下，首先要问的是我们卓越要探索什么东西，单单对卓越专业有一个设想是不够的，我们培养的卓越工程师和清华不一样，和天津大学也不一样，我们（培养的）是具有实际工作特质的卓越工程师，我们叫现场工程师，这不同于（清华或天津大学的）设计工程师，也不同于开发工程师，（我们）就定位在现场工程师。现场工程师是我们人才培养模式的特色，在上一次评估的专家组和这一次的规划司院校设置处有一个专家组，两个专家组都给予了高度评价。这是我们学校三十年在专科的基础上传承下来，又继续深化，提升内涵，不断提炼所形成的一个东西，也是我们学校的一个顶层设计，也算是一个特色。（时任宁波工程学院院长访谈笔录）

（四）产学研融合：与大院大所合作，与政府企业合作的双合作模式

宁波工程学院的对外交流与合作方面始终坚持两条腿走路。一是在学术发展上，学校力争与中科院、大的学校如同济大学展开合作；二是在实物层面，则充分地与当地的政府、企业合作。

第六章 宁波工程学院——夹缝中成长的"嫡系"高校

> 宁波工程学院是一个地方院校,我们是以城市服务为主的,在这个过程中,主要是推动教师社会服务能力的加强。我们很快就要开展针对教师社会服务工作的社会调研,今年按学科方向分下去,每个学科带一个队,根据学科社会需求调研这个学科怎么样发展,在这个过程中能够提出直接的问题,也是培养教师的社会服务能力,反过来反哺教学。这个双合作,也是我们学校的一个战略。
>
> 我们和中科院材料所合作成立一个材料学院,也是一个院士给我们当材料学院的院长,他是动真格的,是实实在在来指导我们的,不是挂名。因为中科院材料所本身在宁波,我们利用了这个优势。(时任宁波工程学院院长访谈笔录)

在与外部的大院大所合作的同时,学校还努力试点科教融合。现在很多的学校教学质量不能提高或者学生培养质量不好,更多的可能是师生比的问题。学校现在尚不能达到一个合理的师生比,于是学校开始在一些院系里面,试点科教融合。

> (学校)有一个交通学院,宁波轨道运输方面的横向课题,基本在我们学校,有百分之七八十。最初(宁波市交通局、规划局)是不相信我们,他们说宁波工程学院,我们不知道你们能不能做好,所以必须找一个外面的上海、北京的大的交通规划设计院跟学校合作,结果我们也按要求去做了。做了以后,他们非常满意,后面基本上免检了。实际上当时这个项目基本是学校做的,之后相应的项目基本上是交通学院做。我们依托这块资源,给的班级也不多,就两个班级,一共80个人,但实行科教融合,用横向课题、纵向课题探究式的方式来培养学生,很成功。(时任宁波工程学院院长访谈笔录)

可以说,宁波工程学院在办学特色上的坚持和发展为其自身的发展提供了很大的助益。宁波市政府和上级教育主管部门希望通过"卓越计划"探索出工程技术人才培养的创新模式,力争把宁波工程学院建成应用型卓越工程师人才培养示范基地，成为宁波高等教育的一个品牌和对外展示的名片，这对于宁波工程学院来说无疑是一个难得的机遇。

四、与政府微妙的关系

作为一所宁波市政府主办的宁波人自己的地方性工科院校，宁波工程学院从创建之初，就始终把地方经济建设和社会发展奉为己任，并将地方性和应用性视作自己最大的特色。宁波市委、市政府在宁波工程学院的建设与发展过程中，也充分地体现了对本地高校的长久的支持和关心，逐年加大对学校的支持力度。应该说，宁波工程学院将自己与宁波市的关系比作了鱼和水的关系。例如，2010年学校被教育部列入首批卓越工程师教育培养计划实施高校，宁波市教育局支持划拨500万元，用于加快"工程素质"师资队伍建设，探索总结"工程实践"教育方法。

> （如果说）政府对我们不支持，那绝对不是，自己办的学校，各种资源能给的肯定给。对我们学校来说，所有建校的钱都是政府出的，这个情况在全国学校都不多，这是最大的支持。但是对其他一些学校，有的根本是外国人建的，是来赚钱的，也给这么多，这在心理上过不去。我们觉得适当对外来的学校（做些）倾斜的姿态那也是应该的，但不能过了。（时任宁波工程学院院长访谈笔录）

然而也正是宁波市政府主办高校的身份，使宁波工程学院难以获得足够的资源来寻求更高层次的发展。由于宁波工程学院受宁波市政府管辖，其资源，特别是经费主要是由宁波市政府提供，一旦宁波市政府的政策有相关的调整，学校所获得的资源就会受到显著的影响，而且无法通过其他途径进行有效的弥补。

> （学校与）省里有一个很尴尬的情况，（由于宁波是）计划单列市，（省里）是不给钱的，（所以学校）就要跟宁波市要。宁波市原来有一个政策，可以给我们补贴，但政策给出了，问

题是没有实现。（我们）现在也没拿回来一分钱。（例如）卓越工程师计划，（宁波市政府）第一年给了500万元，算是专项经费，用于卓越计划，但是从第二年开始，以生均1.2万元的形式拨进去了，却由我们学校自己统筹，这就等于变相地把我们的专项经费给取消了（因为其他学校也都有相应的经费）。我们也没办法，基本上是给多少钱，我们办多少事。（时任宁波工程学院副院长访谈笔录）

缺乏资源对学校的发展所产生的不利影响是比较明显的，这从学校与德国合作的影响中可以看出一些问题：资源的缺乏导致生均经费的不足，而社会支持的不足，特别是企业参与的不足导致学生难以学到符合社会需求的技能。

（相比德国的学校，）有两条我们做不来。第一条他们钱多人少，我们人多钱少。第二做不来的是，人家企业主动参与，企业里面有一帮人专门做这个事情，我们这些企业不行。我们跟宁波市的企业有良好的关系，但宁波市是以私营企业为主的，这些私营企业只要求培养出熟练的工程师，那怎么可能？所以他说我们老师都不是工程师，培养不出工程师。我们是培养不出熟练的工程师，我们只能培养出初级工程师，培养熟练工程师不是我们的职责，应是企业的职责。（时任宁波工程学院副院长访谈笔录）

而更让宁波工程学院意见较大的是，作为唯一一家由宁波政府主办的地方高校，宁波工程学院不仅无法全面地获得宁波市政策上的积极支持，反而在宁波市高等教育大发展的规划中不断成为被牺牲的对象。

学校在专科时期为升格为本科尝试过三次，前两次都以失败而告终，对学校的整体发展都产生过不小的负面影响，特别是第二次失败。当时宁波市政府以宁波高专为基础，以宁波高专正在建设的校舍为基地，尝试联合浙江大学举办宁波理工学院的时候，给了宁波高专师生以及管理者极高的期望。但随后宁波市委、市政府最终决定，宁波理工学院由浙江大学接办、管理，宁波高专与宁波交通职业技术学院合并，这实际上给了宁波工程学院很大的打击，学校甚至有"要散掉的危险性"。

> 本来要升本的，还承诺有房子分的，结果都没有了。很多人跑了，对学校没有信心了。当时出现很多困惑，好像学校真的快要垮掉了，我想当时我不坚持真倒掉了。（时任宁波工程学院院长访谈笔录）

尽管学校第二次升本没有成功，学校的整体管理出现危机，但是在当时的校领导的努力下，宁波高专还是挺了过来，这一点在校领导事后的总结中也是颇为感慨的。

宁波工程学院的发展离不开宁波市政府的支持，这从学校的资金来源，以及学校的办学定位以及发展方向可见一斑。但是学校的发展又得不到当地政府充分的支持，甚至在学校发展的某些关键时刻，还成为政府政策的牺牲者，在宁波市政府高等教育的总体规划中无法体现出地方高校的独特优势。

公平有的时候是相对的。即使宁波工程学院获得的宁波市政府的支持不比其他宁波的高校少，但是与别家学校多样化的教学资源的投入相比，只挂在宁波市政府一根藤上的宁波工程学院在其发展的过程中就显得相对单薄了，在这个方面，宁波工程学院是有怨言的。

【案例评析】

地方本科高校应用转型发展是一项系统工程，涉及办学和人才培养的各个环节，需要整体谋划，综合施策，统筹推进。在战略层面，地方院校制度层以组织资源获取、领导资源交换为主要路径实现适应功能转型；在机制层面，管理层主要以组织结构改革、师资队伍管理和资源配置变化为牵引实现了整合功能；在生产层面，应用型人才培养和应用科研发展是技术层改革的核心，承担着目标达成的功能。①

---

① 屈潇潇. 地方本科高校应用转型发展的路径特征分析——基于173名校级领导的问卷调查［J］. 国家教育行政学院学报，2019（10）：81-87.

宁波工程学院升格转型发展的曲折之路充分体现了组织与环境之间战略资源交换的重要性。对于这一时期的宁波市政府而言，发展本科层次高等教育的迫切需求是以最小的投入快速培养"高层次人才"，这从与浙江大学的联姻和与诺丁汉大学的合作就可以看出，而对宁波工程学院进行大力度扶持显然是不划算的。一方面，宁波工程学院作为宁波市唯一所属的本科高校，政府需要进行生均经费的拨付，也就是说学生规模越大，市政府需要投入的资金就越大，因此，学校每年的招生计划就被卡得很严。另一方面，宁波市经济以私营经济为主，规模较小，技术要求相对不高，高职层次的人才需求就够了。事实上宁波市高等职业教育全国闻名，相比产业升级所需要的高层次人才，宁波工程学院培养的学生还存在一定距离。对宁波工程学院而言，办学资源渠道的单一性也让它在一定程度上只能依靠宁波市。从整个区域高等教育生态来讲，像宁波工程学院这样的院校作为高等教育结构布局的一部分是合适的，但在资源有限的条件下，学校就很难成为教育行政部门关注的重点。

第七章
宁波大红鹰学院
——游走于市场与政府边缘的民办高校

从严格意义上来讲，宁波大红鹰学院应该是宁波唯一一所民办高校。如果说其他的一些民营机制的高校或从中专升格而来，或得到政府部分建校资助，或依赖一些知名的公办高校而建成，那么宁波大红鹰学院是名副其实的白手起家，并在短短的十余年间从非学历性质的专修学校迅速成长为本科高校。虽然与其他一些注重宣传和包装的民办高校相比，宁波大红鹰学院的名字并没有那么响亮，但是从学校的发展历程与办学特色中也让我们在民办高校与政府关系、民办高校与地方经济发展的联系等方面进行一些思考。

一、学校发展之路

（一）国企办校

20世纪90年代末，国家大型企业宁波市卷烟厂（后更名"大红鹰集团"）在整个烟草行业已经树立了良好的品牌效应，并取得了可观的经济效益。作为一个在改革开放大潮中腾飞起来的国有企业，大红鹰就开始寻求一些能为企业树立良好形象和声誉的事业。此时的宁波正处于经济飞速发展，但教育资源，尤其是高等教育资源极度匮乏的时期，在全市"一号工程"——教育兴市的战略鼓动下，宁波市政府希望用社会参与的形式，让更多的资源来扩大高等教育的发展，于是市政府开始说服大红鹰集团向学校捐赠。

> 政府让企业捐赠，企业老总就想他捐赠多了，挂个名有什么意思，还不如自己去办一所学校。（时任宁波大红鹰学院党委书记访谈笔录）

捐赠不如办校，在这样的动议下，企业拿出了本要捐赠的5000多万人民币成立了宁波大红鹰教育集团，教育集团于1997年举办了宁波职业教育专修学院。

随着国家1996年《职业教育法》和1997年《社会力量办学条例》的颁布，政府在逐渐引导民办高等教育向中等后职业教育为主的方向发展。在这样的政策引导下,宁波大红鹰学院在建校伊始就确立了职业教育的发展方向,并在高等职业院校审批权下放到地方的大好形势下,于2002年升格为大红鹰职业技术学院。

为宁波的产业发展服务是学校从建校就确立的发展定位。学校起家的主打专业——计算机就是为了顺应宁波信息化发展的趋势而设立,从计算机应用开始,到计算机维修,再到互联网络,逐渐发展为学校的核心专业之一,在2003年还成为全国试办国家级示范性软件学院的35所高校之一。在民营经济发达的宁波,商贸类和数控、模具、制造等工科类专业也都成为宁波大红鹰学院努力办好的专业。

(二) 升本发展

从2008年开始,全国民办高校掀起了一股升本热潮,仅2008年当年升格为本科的高校就达20所,占到了2008年以前所有民办本科高校的41.67%,宁波大红鹰学院就在这批升本高校的队伍中。

宁波大红鹰学院能抓住这样的机遇,得益于内外两方面的因素。从宁波市的高等教育来看,高等教育资源的缺乏是一直以来的问题,虽然从1999年以来宁波市陆续支持举办了宁波理工学院、宁波诺丁汉大学等高等院校,但是针对应用型本科人才培养的"二本"资源只有宁波工程学院,宁波这样的高等教育结构与其经济产业结构是不相符合的,因此,从政府的角度,支持宁波大红鹰学院升格本科。

从学校自身发展来看,学校自建校开始就聘任本科高校的管理人员作为学院的领导,投资方的大红鹰集团也不干涉学校内部事务,因此,保证了学校一直能按照高等教育的规律办学,也在很多时候留下了本科的烙印。

当然,升格也意味着学费价格的提高,因此,升本后的学校在短时间内完成了规模的扩张,从8600人的学生规模迅速增长到了近2万人,到目前,宁波大红鹰学院已经成为浙江省的第三招生大户。

> 本科要搞学科建设,要搞很多的知识创新,这样的投入是需要一定的规模做支撑的。所以,我们的战略目标非常明确,

2008年以后赶紧扩大规模,从8600多人到现在为止,达到1.9万多人,基本上完成了这样一个原始积累。我们在浙江省招生是第三大户了,我们去年(2012年)一年是4800个本科生,今年(2013年)也是4800人,再加上1000个专科生,我们一次性都能录满。(时任宁波大红鹰学院党委书记访谈笔录)

从某种程度上,宁波大红鹰学院能够在这么短的时间内完成规模的扩张也得益于它的民办体制。

公办学校的话,给一个指标,每个学生就要1.2万元的财政补款,给我们一个指标,不需要拨款的。所以,和宁波工程学院相比,他们比我们升本科早,但是我们的速度更快。他们第一年给500个指标,第二年800个指标,第三年1200个指标,而我们第一年是1500,第二年是2500,第三年是3500,第四年是4500。(时任宁波大红鹰学院校长助理访谈笔录)

二、内部管理体制——稳定与灵活并存

宁波大红鹰学院的发展轨迹不同于20世纪80年代靠滚动发展起家的民办高校,虽然坚持了教育的价值与特性,但苦于缺乏资金的支持而发展缓慢,但也不同于2000年后靠资本经营制胜的民办高校,虽然依靠老板的巨额资金注入发展迅速,但总少了一些教育的特性,而多了一些企业管理的色彩,甚至营利性特点。相较而言,宁波大红鹰学院产业办学的背景保证了学校的公益性,应该说它游走于教育规律与市场规则之间,在稳定与灵活之间寻找最佳的平衡点,发展具有宁波大红鹰学院特色的价值与文化。

(一)坚持管理的自主权,保持学校发展战略的稳定

宁波大红鹰学院产业办学的背景跟一般的私人滚动发展有一个区别,投资企业确实把教育当作公益性的事业、承担社会责任的一件事来做,

第七章 宁波大红鹰学院——游走于市场与政府边缘的民办高校

这给学校的体制机制奠定了一个好的基础。

> 他们一不派人来，二也不做任何的主观干涉办学的事情，就把这么一个学校就交给我们办了。他们的价值取向不是那种私人老板，或者家族企业派自己的亲属任学校主要职位。（时任宁波大红鹰学院党委书记访谈笔录）

因为投资老板没有要求回报，也不干预学校的办学，宁波大红鹰学院对如何构建一个大学具有相当大的自主权。按照投资人和学校领导的想法，在学校还是专科层次的时候，就要像一个办大学的样子去办，而不是办企业那样去办，因此，企业文化在学校渗透比较少。当时的校长跟系主任都是从普通高校聘请，在校方看来，大学要做大学应该做的事情，要遵循高等教育的一些规律，要按照高等教育的价值取向去发展，这样的定位也给学校升本成功奠定了非常好的基础。

> 校长由我们学校理事会提名，也可以由我们教育集团董事会提名。但教育集团董事会是我们投资老板，他不管哪个好，所以相当于是由我们学校理事会决定。我是学校理事长，所以基本上是我去做这个事情的。我选校长的时候，实际上还是根据学校发展的需求。（时任宁波大红鹰学院党委书记访谈笔录）

由学校掌握领导聘任的自主权使得董事会在选择人选的时候首先以学校的办学战略目标和发展规划为核心，再选择对学校的价值取向认同的人选。另外，宁波大红鹰学院的民办体制决定了学校领导的任命也不会受到地方政府的限制，这也有利于学校选择认同学校价值取向的领导，从而维持学校发展战略的稳定性。

> 我们是由董事会提名，政府部门会进行审核、组织考察，但是最终要不要用，提名不提名，这个权力都在我们学校的董事会。但是公办高校做不到，像刚刚宁波工程学院的校长退休了，宁波市政府马上把宁波的交通副局长调过去当校长。我们认为从学术的角度看，可能他去做校长并不是很合适的。（时任学院校长助理访谈笔录）

党委书记的聘任亦如此。2008年教育部下达通知，要求各省教育厅要向民办高校派驻党委书记或督导员，以确保民办高校的稳定。对于宁波大红鹰学院而言，学校的党委书记从建校起就从未更换，校级党组织建设并没有比公办学校差，如果说学术组织架构的建设要一点一滴地积累，那么党组织的建设则并不需要。这为宁波大红鹰学院赢得了省教育厅的信任，没有对它采取一刀切的政策，将学校原有的党委书记作为政府督导员继续任职。

民办高校与公办高校在内部管理方面的最大差异之一就在于人事权力的自主，但是，这是一把双刃剑，建立在学校确立稳定的发展目标和价值取向的基础上，才能发挥管理自主权的有益作用。

> 我们大红鹰学院从一开始就确立了自己想办一个什么学校、怎么办学校这样的一个战略目标，虽然会不断微调，但我们不会因为校长换了就改变学校的发展方向。我们在选择校长的时候，不是说我们认同他的价值观，半路被他拉回来，而是他认同我们的价值观，而且保证我们在不断地螺旋式上升。（时任宁波大红鹰学院党委书记访谈笔录）

这实际上也是现在有很多民办学校面临的问题，在一些个人投资的民办高校董事会，校领导的人选通常都是公办学校退休人员返聘，但是这样的雇佣关系和学校的投资背景往往会出现企业（投资人）价值与教育价值的冲突，于是校领导频繁更换，难以保证学校发展战略与方向的持续性，因为每个校长的背景不同，他的价值取向也不同。

在宁波大红鹰学院，学校举办者产业办学的公益性决定了学校办学的充分自主权，在灵活选择学校发展所需要的学校领导的同时，学校也保持了领导团队的稳定。学校十几年来除了退休原因，基本没有更换过主要领导，副校级领导也都是从2003年就开始在宁波大红鹰学院工作，中层干部从2006年后就以在学校培养成长起来的干部为主。这批人是学校的生力军，不仅比退休返聘的领导更加年富力强，精力充沛，而且凭借在学校多年的打拼磨炼取得了对学校文化价值的认同，从学校长远的发展来看，是大有裨益的。

我们有选择领导的权力,至少政府允许我们自己先点名,我们不点名,政府不会委派。所以,我们没列入宁波的干部调配里面,这就能够让我们真正地按大学设定的目标,或者说既定的一个战略定位去发展。我们这十几年,没有因为领导的更替而出现学校发展战略的反复,我们一如既往地朝着目标坚定地走下去。(时任宁波大红鹰学院党委书记访谈笔录)

(二) 以身份稳定师资队伍,建立灵活的聘任考核机制

一直以来,民办高校师资队伍难以稳定的根源在于其组织属性问题,即没有事业单位的身份,没有事业单位的稳定保障。在收入待遇方面,民办高校教师比公办高校虽然在职期间没有显著差异,但是由于民办高校教师按照企业标准缴纳社会保险金,在退休后,这种收入上的差异就凸显出来了。在师资流动上,民办高校通常难以吸引高质量的公办师资,吸引来了也难以确保师资不流失,这对学校整个的办学质量产生非常不利的影响。虽然民办教育界一直在为民办高校的身份问题奔走呼吁,但是最终解决组织属性的民办高校寥寥无几,宁波大红鹰学院是其中之一。

在2003年的时候,我找到宁波市的领导,跟他们说,同样承担社会责任办一个学校,因为公办的是政府出钱,政府就给事业编制,而我们学校没有政府拨款,就要按企业法人对待,在民政局登记,社会保险、劳保都是到劳动局交。我们给政府做了那么多的事情,都是企业拿钱的,那政府总得给我们一个事业编制吧。你看现在我们跟宁波市其他高校不同,我们是按照企业编制,他们按事业编制,我们现在引不进来那些教授、博士,怎么能够引进更多的优秀人才,提高办学质量呢!(时任宁波大红鹰学院党委书记访谈笔录)

宁波市政府在处理民办学校组织属性问题的时候做出了很大的突破。

当时我有一个观点,不管是哪里来办的学校,只要办在宁波,对宁波有利,宁波就应该支持。(时任教育局局长访谈笔录)

但是这个东西太难了，难以突破，当时宁波市委书记也亲自到人事局做工作，最后还是在市委书记批示下解决了宁波所有民办学校的事业编制问题。宁波大红鹰学院总算在2003年获得了320个事业编制，学校升本后又去努力，做了很多工作，最后拿到了1000个事业编制。

我们学校发展比较顺，其中一个原因就是它的组织属性。我们获得了事业法人的组织属性，这个给我们引进人才、确保学校教师稳定起到了非常大的作用。因为一个学校办得好不好，实际在于教师的水平和质量，还有教师对这个学校的认同，而教师的认同跟他现在的身份地位，以及他的属性是有关系的。

（时任宁波大红鹰学院党委书记访谈）

宁波大红鹰学院在努力通过获得事业编制解决组织属性问题，建立像公办学校一样的稳定保障机制的同时，又利用民办高校的灵活性，建立了自主的聘任考核机制。

在宁波大红鹰学院，优秀师资的引进采取一事一议的制度，对外不公开。对于学校而言，好的师资是可遇而不可求的，能够完全符合学校要求的毕竟是少数，如果确实有这样人的话，学校一定要给出优惠的特殊政策，一事一议的制度既有利于师资的引进，不公开也避免带来负面影响。

对于其余的大部分教师，尤其是刚刚毕业就职不久的青年教师，学校更看重的是师资培养，培养青年教师快速认同学校的文化，改变过去学术型研究的套路和习惯，在最短的时间内转向理论与实践相结合的应用型研究思路，否则，在民办高校的人事机制中，没有所谓的"铁饭碗"，淘汰是在所难免的。

有些老师过来，这些刚刚毕业分配的还好，特别是其他学校过来的，我要给他灌输这个理念，你转型期必须要适应我的文化，不是学校文化来适应你。哪个学校都有包容的文化，但包容的前提下面，你必须走学校的这条发展之路，而不是你要搞一套就搞一套。文化是虚的，但又是实的，是要落到实处的。

你必须做出自己的事业来，没做出事业的话肯定被淘汰。（时任宁波大红鹰校长助理访谈笔录）

宁波大红鹰学院每年都会淘汰20名左右的教师，淘汰的教师会有一个期限进行培训，提高自身能力，如果依然难以胜任，就会做转岗或辞退的处理。为此，学校专门成立了教师发展中心，其中一个重要的任务就是帮助这些教师来提高能力，特别是转岗的人，如果他一定要转岗，那么也需要进行新的培训。

与其说民办学校工作的压力来源在于考核标准和收入的差异，不如说民营机制带给人的是心理上的压力。

三、办学定位与人才培养——草根与创新是根本

（一）细分市场，确立"中小企业首选大学"的定位

培养应用型人才，为地方经济发展服务是宁波大红鹰学院从建校开始就秉承的办学定位。在长期的办学过程中，针对应用型人才和地方经济的特点，学校细化了市场分类，将宁波大红鹰学院的人才培养定位为"中小企业的首选大学"。作为地方高校，应用型的特征是显而易见的，然而专注于为中小企业服务的这种定位却是其他高校所忽略的。

> 为什么我们会选择中小企业？浙江经济实际上是以民营经济为主流的，而民营经济又都是中小企业。根据浙江省的经济特点，宁波大红鹰学院的人才培养基本以中小企业为目标，因此毕业生对岗位的要求适应能力都比较好，这也是学校生命力的体现。我们所做的很多专业、人才培养都试图成为中小企业人才培养、技术升级服务的一个基地。（时任宁波大红鹰学院校长助理访谈笔录）

目前宁波大红鹰学院有70%到80%的专业都定位于中小企业，在这个市场细分中，宁波大红鹰学院利用差异化的策略找到了属于自己的利益空间，这其中既包括针对中小企业需求专门设立的专业或研究机构，

也有在传统专业基础上进行的改造。

> 比如我们成立家族企业财富管理研究,因为家族企业基本上就是民营的中小企业,是差不多可以搭界的。我们的财务管理培养的是中小企业财务管家,因为浙江省的中小企业那么多,但是它的财务管理跟一般的大企业,或者是跟机关事业单位是不一样的,所以我们就要在普通本科教育要求的基础课程上按照中小企业财务管家的素质能力再去设定一部分课程。我们培养的工商行政管理专业,就以中小企业的二代接班人为目标,培养创业型人才。(时任宁波大红鹰学院党委书记访谈笔录)

中小企业是整个经济发展链条中最基础也是相对低端的单位,但是却为浙江经济的发展做出突出的贡献,从某种意义上来讲,浙江经济也是草根经济。宁波大红鹰学院正是准确地抓住了宁波市,乃至浙江省区域经济发展的特点,确立了"中小企业首选大学"的定位,在最大程度上贴合劳动力市场的需求,这也是民办高校生存的根本。

(二) 紧抓市场需求,在校企合作中"无中生有,连接世界"

确定了为中小企业服务的办学定位,就要在教学实践中实现这样的理念,否则也只是空谈。在与中小企业的合作过程中,宁波大红鹰学院也总结出了一套独特的校企合作方法,那就是"无中生有,连接世界"。

> 有时候有一些高校跟我们探讨校企合作,他说现在跟企业去合作,你不给他好处,他不跟你合作。我说我们不去做这种合作,我们会联合企业去做社会上新兴的或者没有的东西,这样企业就很愿意跟我们合作,这样学校就能够直接对接市场,这就是将来我们发展的一个方向。(时任学院党委书记访谈笔录)

在宁波大红鹰学院,专门成立了"地方服务处",其功能就是联系合作的企业,开拓校企合作渠道。除此之外,每个二级学院都设立专门负责校企合作的助理职位,便于二级学院开展校企合作服务,也给每年的企业调研活动提供专门服务。相应组织机构的设立为宁波大红鹰学院深入的校企合作奠定了媒介基础。

企业参与学校办学的形式也多种多样。除了提供兼职师资和实验实训设备等传统的校企合作方式，宁波大红鹰学院还通过课程外包、校企共同研发的形式掌握前沿市场需求，给学生提供最新的教学资源。课程外包就是学校选择一些优秀的企业，直接将某个专业20%的课程承包给企业，企业则在学费收入中按比例提成，这样在一定程度上避免了兼职教师不稳定的问题。学校还专门成立了校企合作的工作室，以校内教师和企业人员为主体的工作团队驻扎在学校，企业的研发人员既可以专心研发，也能够为学生上课，学生也可以参与研发项目。

> 像我们现在成立的"家族企业财富管理研究院"，就是联合四五家企业跟我们一起，给浙江省，特别是宁波的家族企业，做财富管理研究和资金运作研究，这个研究院由企业出资，研究成果他们可以直接使用。另外，研究院还给家族企业二代接班人做培训，这些接班人所在的企业也共同出资建立基金。（时任宁波大红鹰学院校长助理访谈笔录）

学校每一个专业都有专业教学委员会，其中的成员70%来自企业，专业教学委员会就课程设置问题每年都要开一到两次会议，主要是课程和培养计划的调整。这种以企业为主体的专业教学委员会占到了学校一半以上的专业。

从宁波大红鹰学院的校企合作模式中可以看出，企业的资金投入并不是校企合作最主要的形式，而是要与企业寻找利益共同点，为企业未来的发展做好充分的准备，能够做到"无中生有，连接世界"所需要的正是创新的力量。

> 我们老院长在任时就说，"走自己的路"，这是我们的核心价值，就是一定要走一条独特的改革创新之路。所以，在人才培养、学科建设当中，我们始终把创新作为内驱动力，这也是我们对自己的期望。（时任宁波大红鹰学院党委书记访谈笔录）

(三) 密切关注政策风向，积极参与竞争性项目支持

宁波大红鹰学院的目标是在市场，所以对市场天生敏感，学校的学科布局、专业设置跟市场的紧密度非常高。除了准确地把握劳动力市场需求的特点确立了"中小企业首选大学"的定位，并在校企合作中"无中生有，连接世界"，提高学校获取市场资源的能力，宁波大红鹰学院在政策资源的获取能力方面也不容小觑，其大宗商品学院的创立就是典型。

> 我们在做学科布局的时候，常规的我们按照宁波的支柱产业进行规划，毕业生每年的就业率都在98%以上。但是我们不满足于这些，我们还针对宁波市的一些新兴产业，对一些非常重要的人才短缺的地方下功夫，培养紧缺的特色人才。因为我们跟公办学校不同的是，我们的机制体系比较活，传统的包袱很少，更重要的是，我们可能会比公办学校更有那种紧迫感，在面对新兴行业的时候会主动适应，这种主动性、积极性是公办高校不能比的。（时任宁波大红鹰学院党委书记访谈笔录）

2011年，国务院正式批复了"浙江海洋经济发展示范区规划"，标志着浙江海洋经济发展上升为国家战略，位于浙江省海洋经济发展示范区的核心区之一的宁波市则在促进浙江海洋经济发展中具有重要的战略地位。根据《宁波市海洋经济发展规划》，重点提出了增强辐射功能服务的目标，即到2015年建成"三位一体"的港航服务体系，成为全球大宗商品枢纽港和集装箱运输远洋干线港①。

> 我们宁波港口的货物吞吐量在2012年就已经位居中国大陆港口第三位、世界前五位，但是这么大的吞吐量也只能说明宁波还只是一个中转站，就是将世界各地的东西运到宁波，然后再从宁波运向全国各地，或者全国各地的东西运到宁波，再

---

① 宁波市海洋经济发展规划，http://baike.baidu.com/link?url=8SaPn6-1bGs57vs6ygl2Oh Wj5O98SiSrNf-VA9N2nFTQpXmyDcfaDrtkcA9ZHt16FneqMjnL6Vjw0qK DKKF3hq.

第七章 宁波大红鹰学院——游走于市场与政府边缘的民办高校

从宁波发到世界各地。像荷兰的鹿特丹港等一些世界级港口虽然现在的吞吐量远远不如宁波，但是其效益却比宁波港高十几倍，因为他们做大宗商品的金融运作。（时任宁波大红鹰院校院长助理访谈笔录）

所谓大宗商品（Bulk Stock），是指可进入流通领域但非零售环节，具有商品属性，用于工农业生产与消费使用的大批量买卖的物质商品。在金融投资市场，大宗商品指同质化、可交易、被广泛作为工业基础原材料的商品，如原油、有色金属、农产品、铁矿石、煤炭等，包括3个类别，即能源商品、基础原材料和农副产品。[①] 由于大宗商品多是处于最上游的工业基础原材料，因此反映其供需状况的期货及现货价格的变动会直接影响到整个经济体系。可能一个大宗商品价格的变化马上会把很多制造业技术创新所带来的效益完全改变，所以，从某种程度上说，大宗商品的价值决定了制造业的生死存亡，甚至大宗商品价格话语权决定了一个国家的政治力量。

当宁波市其他大学都在"海洋"这个关键词做文章，大力开展海洋保护、海洋旅游、海洋文化遗产等相关传统学科的研究时，宁波大红鹰学院将目光锁定在了"经济"这个关键词，为什么不能为宁波刚刚兴起的大宗商品交易活动输送紧缺的人才呢？这一次，宁波大红鹰学院差异化的定位战略也引起了宁波市政府的关注和支持。

> 当时刚提出来的时候，我们也不是很了解，就到全国各地做了大量的调研。调研以后，将有关情况向教育局、市委市政府领导汇报，这个学科专业作为人才培养我们要办出大宗商品的特色出来。当时的市委书记高度重视，并且马上批复。作为一个学校，特别是民办学校，要办这样一个专业，并获得宁波市委书记的亲自批复，还是少数。（时任宁波大红鹰学院党委书记访谈笔录）

---

① 百度百科 http://baike.baidu.com/link? url = gunmW0w4LLFfO8mRdnd_5YZGOQx Vi-aELXDg7ze1cL6Yl6vrekILqo4SdcXuBz – ixa_iVm_jS1 – fRrfEAg_Ku6a

为了办好大宗商品商学院,宁波大红鹰学院召集了数十家国内龙头企业,从上游、中游到下游,从贸易商、制造商到金融商,建立了"大宗商品产学研联盟"。在此基础上,有15家企业和学校又组成了一个大宗商品创新中心,单是此项目宁波市政府给了宁波大红鹰学院5000万人民币的专项拨款,以支持学校大宗商品商学院的发展。到目前为止,已经投资了将近2000万元,建成了全国大宗商品实验中心。这个实验中心可以直接为社会服务,所有的数据跟国内甚至世界的交易平台的数据都是时时贯通的。

为什么这样一个专业是由宁波大红鹰学院来做?专业特点和体制优势是重要的原因。一方面,大宗商品交易是一个实践性很强的交叉专业,更多地需要与企业融合在一起,在校企合作方面,宁波大红鹰学院已经积累了很多经验。而交叉性的特点又决定了举办学校还要处理原有学科和专业的调整,甚至取消,在公办高校,相应的工作难度很大。但是对于宁波大红鹰学院而言,学科专业本身就处于发展扩张的过程中,没有历史的包袱。

另一方面,宁波大红鹰学院的民办体制也决定了其决策和执行的高效,这也是学校能够在宁波第一个开设大宗商品交易商学院的重要因素。

> 我们学校领导班子一讨论,经过调研之后,觉得可行的,马上拍板就定了。但是如果是公办高校,调研以后,首先要领导班子通过,然后报教育厅,教育厅不可能为了你这个事来专门开一个会议,还要等他们有关会议的时候一起讨论。即使教育厅同意了,还要老师也同意才行,否则下面的落实不跟你全力去执行,再好的理念都是空的。(时任宁波大红鹰学院校长助理访谈笔录)

由于是新兴的学科专业,在普通高等学校本科专业目录中找不到相应的专业,学校在申报专业时也遇到了不小的难题。

> 虽然宁波市全力支持,但是当我们到教育厅申报专业的时候,得到的答复却是,这个专业听都没听说过,不会给我们一个专业名称的。所以我们没办法,只能挂靠在国际经济贸易专

业下面,设了大宗商品方向,即便如此,教育厅也是勉强才同意。但是毕竟要建立发展一个新兴学科,挂在这个方向是不太好的。(时任宁波大红鹰学院校长助理访谈笔录)

宁波大红鹰学院作为地方性的高校,以培养应用型人才为目标,必须跟地方经济紧密结合,更多的是去满足地方经济的发展,去服务于地方经济的发展,因此,相应的学科发展和专业设置肯定是以应用型为主。但是,从目前看来,应用型的学科专业在普通高校本科目录中难以找到相应的位置,应该说,教育的发展,特别是学科专业目录的更新,严重滞后于经济的发展,这是摆在很多以培养应用型人才为目标的高校面前的矛盾,宁波大红鹰学院也不例外。

但是,至少在区域政府层面,因为大宗商品贸易对宁波市经济的发展和升级具有重大的战略意义,宁波大红鹰学院还是获得了市政府的大力支持,5000万元的经费支持不仅对于宁波大红鹰学院是第一次,在全国范围的民办高校中也是较为罕见的,这显然得益于学校对市场机遇和政策导向的敏锐捕捉。

【案例评析】

回顾宁波大红鹰学院的发展历史,不难发现,学校之所以能够获得今天的办学成,是因为其对市场与政府关系的准确把握。学校在内部管理上一方面充分利用事业单位身份的稳定性特点,对稳定师资队伍、提升师资水平起到了关键作用;另一方面又在民营机制上做文章,保留了领导聘任权力的灵活性,使学校能够任用利于学校长期发展战略的领导人,从而稳定了学校的领导队伍与发展方向,在稳定与灵活之间找到了平衡点。在办学定位和人才培养上,学校以市场需求为根本,关注政府导向,但不紧跟,从而保持自己的特色,而宁波市政府给予了相对宽松的、自由发挥的政策环境。

但是民办高校作为高等教育的试验田,一直以来都游走于市场与政府的边缘,其边界并不清晰,甚至更加靠近市场的中心。虽然市场与政府并不是天生的矛盾体,但是在实际办学过程中,宁波大红鹰学院会经常面临市场需求与政府要求不一致的情况，这也是很多民办高校普遍的难题。

比如民办高校一些办得非常好的专业，可能跟政府要求的指标是两码事情，因为政府评价专业好坏的标准是精品课程的多少、学术团队的强大与否。在人才引进方面，不仅在宁波市，甚至全国任何城市，任何高层次人才的引进的标准都是学历与职称，而恰恰像宁波大红鹰学院这样的应用型地方高校在引进人才方面重视的并不是这些指标，所以同样的问题也存在于职称评审上。宁波大红鹰学院的大宗商品商学院目前引进的最重要的师资之一就是一个没有任何职称，但是却在该领域享有一定声望的操盘高手，按照高层次人才引进的标准，他无法享有任何优惠待遇，学校只能从政府支持的专项经费中划拨专门的资金用于这类人才的引进。

政府和高校之间的关系，以及政府对高校的支持，从某种程度上来讲，最大的支持不是给予钱，最大的支持是给予宽松的环境。宁波大红鹰学院与浙江其他的民办高校相比，并没有获得更多的资金方面的支持，甚至诸如温州等民办教育发达的地方已经开始实行了生均拨款。不过，在宁波市教育局看来，体制的差异是区域高等教育多样性的起点，如果对民办高校也像普通高校那样生均拨款，那么民办高校也就失去了它原有的活力。但是宽松的环境并不意味着放任不管，相反，对教育管理者而言，如何协调市场需求与政府要求的关系，是更大的挑战。

正如沈校长所讲，"对于民办高校而言，既然选择了民营体制，也就不要太在意政府的态度，虽然要关注政府的评价指标，但不一定完全跟着走，因为民办高校天生就资源稀缺，如果既要紧跟政府，还要紧盯市场，反而会目标不清晰。从未来的发展趋势来看，政府的导向也在与民办高校的定位越来越接近，大学会越来越有个性，也越来越有自己独特的一些东西，这才是民办高校所要坚持追求的最终目标。"对民办高校定位的透彻认识，让宁波大红鹰学院走上了可持续发展的道路。

附录　宁波市高等教育公共治理模式的相关研究摘录

寻找推进高等教育公共治理的突破口
——基于宁波和齐齐哈尔两地的案例研究[①]

2014年教育部的工作要点是："加快推进教育治理体系和治理能力现代化，努力办好人民满意的教育。"明确了高等教育体制系统改革的基本方略，即构建科学合理的公共治理模式。但是，如何构建良好的善治结构，无论是政府、高校，还是社会和市场需求者，都还处在探索和小心求证的阶段。国家教育行政学院在2013年所做的宁波市和齐齐哈尔市区域高等教育公共治理模式案例，或可对这个问题的解决，提供可供借鉴的现实模板。

一、两个案例区域的不同公共治理模式

宁波和齐齐哈尔是地处中国南北的两个地级城市，两个区域的经济

[①] 转引自刘亚荣. 寻找推进高等教育公共治理的突破口 [N]. 社会科学报, 2014 - 06 - 12.

社会发展水平差异显著，但是两地政府不约而同地破除了行政化管理思维边界，采取了新型的公共治理模式，应该有其内在必然的需要。

1. 宁波市区域高等教育多样化生态型平台式公共治理模式

（1）宁波市域内本科高校的典型多样性。进入21世纪以来，中国高等教育步入较快发展阶段，宁波市域内高等教育也呈现类似态势。1998—2013年，宁波市域内高校从5所增至13所，现有6所本科高校大致分为三类：一是公办高校，包括宁波大学、宁波工程学院、宁波理工学院；二是国有企业及其转制办学，包括宁波大红鹰学院、浙江万里学院；三是中外合作办学，即宁波诺丁汉大学。由于举办者不同，6所高校治理方式也不一样。

（2）宁波市政府在本区域内本科高校公共治理中的角色。第一，在举办者角色方面，以地方社会经济发展需要为本，不拘泥于本市举办高校，而是有效运用各种资源配置手段，支持各种类型本科高校发展。一是引入多种办学模式，提供必要财政支持。二是提供财政专项，促进产学研相结合。三是运用规划、财政和土地政策手段，推进高教园区发展。四是完善市场供求机制，支持高校办学模式创新。

第二，在管理者和协调者角色方面，注意与中央和省级政府管理职责区分和互补，主动设计公共治理新模式，创新市域内本科高校发展策略。一是以尊重高校依法自主发展为本，为每所高校提供个体化、协商性、服务性扶持政策。二是区别于中央和省级政府管理责任，更多地基于地方社会发展利益诉求，探索公共治理新型模式。宁波市政府采取多样化生态型发展模式，逐渐优化本地高等教育布局，满足经济社会发展需要。

2. 齐齐哈尔市打破国有、民办各自为政的传统行政管理界限，将国有教育资产委托民营高校经营

2013年，齐齐哈尔市委提出，要以新的思路盘活区域职业教育资源，选取近年在党风政风工作成绩突出的甘南县做试点，委托给齐齐哈尔工程学院经营。这个政策的出台，主要有两个基础：

（1）齐齐哈尔市政府服务型高等教育治理思维。齐齐哈尔工程学院作为齐市唯一一所市属的民办性质的本科高校，其发展得益于黑龙江省政府和齐齐哈尔市政府的长期支持。政府主要的扶持工作包括：一是为齐齐哈尔工程学院办学提供必要的财力和政策支持。二是2002年黑龙江省政府正式对齐齐哈尔工程学院的产权结构予以确权，齐齐哈尔工程学院法人财产组成结构为国有资产占33.96%，学院集体资产占65.42%，教职工个人资产占0.62%。这在中国民办高等教育历史上，开创了民办高校所有权确权的先河。三是地方政府在学校两次升格过程中，积极配合学校的申办工作，以地方政府全面支持姿态，不断协助说服上级各级主管部门。四是敢于开启改革先河。自1997年始，先后三次将国有教育资产委托校长曹勇安以民营性质经营，并且给予支持性政策，利用民营机制的活力，一次次盘活、保值和增值国有教育资产。

（2）齐齐哈尔工程学院富有活力的办学机制和良好的办学业绩。齐齐哈尔工程学院在创办者的努力下，建立了一所产权结构清晰、公私合营、具有良好办学活力的高校。这所学校办学思路清晰，内部治理高效，学院创新性地提出"教学工程化，工程课程化"的办学方略，形成一所非常具有活力的，以就业为导向，以实践能力为教学方向的职业本科学校。

2014年2月18日，黑龙江省甘南县政府与齐齐哈尔工程学院签署了委托管理县职教中心的协议。协议的主要内容规定：一是在委托管理期间，双方不发生所有权结构的变化；二是经营方不以营利为目的，齐齐哈尔工程学院将成立托管领导小组，选派管理团队，将学院的管理模式、教育教学资源，以及国际国内业界的各方面资源与之共享；三是甘南县政府一如既往，提供对职业教育中心发展中的各种必要的支持。

二、两地公共治理模式的共同特征分析

之所以称两地的高等教育管理行为是新型的治理模式，是因为二者都具有以下公共治理的特征。

（1）地市政府与本区域高等学校更多的是基于发展区域经济而形成的相互供求关系，而不是上下级行政管理关系，容易形成彼此需要的相互支持性治理结构。总体来说，我国高等教育体系的治理生态环境正在发生巨大的变化，其中最主要的变化是高等教育的发展情境，由单一的政府行政管理主体，向政府和市场共同作用的环境变化，最终趋近于"以市场环境为主，政府仅仅变成另一个市场购买主体"的市场机制为决定性作用的发展环境。这种治理生态，目前在地方政府行政中尤为需要。因为基层政府不像上级政府，推动本区域的发展职责无法下移，在权责利相对统一的情境下，地方政府必须自己承担起发展区域的社会经济政治文化等责任，更愿意采取适应多种经济体的治理方略，来搭建共同发展的治理平台。因此，无论是对经济实体，还是社会事业单位，基层政府对公共治理模式更有自觉性。

（2）在这种治理模式下，政府采取多元化的治理手段，由单一行政管理向治理服务的角色转变。地方政府在促进本区域高等教育发展过程中，更多地会基于本地社会经济发展的宏观战略需要，看待本区域高等教育所提供的智力、社区友好、为区域经济体提供产学研等贡献。因此，基于共同发展的理念，政府更愿意以协商的方式，将区域的各个实体纳入一个由政府搭建的公共治理平台，平台内部更多地采取协商、供求互动等平等沟通方式，政府也更多的是根据各个主体的个体化需要，采取一事一议、财政、政策宣传与动员等多样化手段，而基于上下级关系的行政指令工具越来越减弱，效率越来越低。

（3）政府打破公私、隶属层级等行政界线，与高校采取合作协商的方式，使得有能力有水平的高校更适应政府放权的公共治理环境。政府放权的治理环境，一方面对公办高校提出自主管理能力上的挑战，要求公办高校要逐渐适应，由政府附属管理的部门向市场主体的自主生产主体过渡。另一方面，最先适应政府放权环境的高校，肯定是那些早已熟悉市场规则的民办高校，以及一直直接面对市场摸爬滚打的职业类高校。而这些学校由于更了解市场和社会需要，更知道如何精准定位产品，自然，它们成为政府引领的新的治理模式中首选的追随者的对象。在新的宏观机制下，如果公办高校没有顺利摆脱体制束缚的压力，自主顺应市场发展，那么很多颇具活力的民办高校及一批转变迅速的公办高校，将迎来迅速发展的春天。

地方政府在高等教育发展中的利益与作用①

地方政府在发展经济利益主导下，在我国新一轮高等教育发展中作出了重要贡献，特别是在扩大高等教育规模、推进政产学研合作、创新大学形态、形成"园区化"模式等方面作用更加显著。

1. 扩大高等教育规模

高等教育首要的职能是培养人才。地方扩大高等教育规模最直接的作用，一是增加本地人民群众接受高等教育机会，二是为本地企业、产业和社会输送大批高素质人才。比如，在20世纪80年代初期地市级举办的高校在面向本地生源招生时具有较大倾斜，因此在满足本地人民群众接受高等教育方面发挥重要作用，正是如此激励了地市政府投资举办高等教育。但是，随着高等教育机会公平要求的提出，招生政策上越来越要求公平公正，地市高校面向本地招生的优惠政策随即逐步取消。由于高等教育大众化时代的到来，接受高等教育机会已经大幅度提高，尽管取消面向本地生源的招生倾斜，但是发展高等教育所带来的人才优势日益明显，在为本地企业、产业和社会输送高素质人才方面发挥重要作用。据麦可思公司调查，2009年宁波高校毕业生留在本市就业的比例为4.21%，毕业生对大学满意度达到87%，而宁波籍学生只占在校生比例的20%左右，在本市就业学生中又有23.3%的人在宁波十大重点优势产业中就业。由此可见，地方政府具有持续激励高等教育规模的内在驱动力。自1999年实行扩招后，地方高校的规模迅速扩大。仅以地级市政府举办的高校为例，分布在全国300个地市的各类区域高校从1990年的

---

① 摘录自胡赤弟，黄志兵. 地方政府在高等教育发展中的利益与作用 [J]. 高等工程教育研究，2011 (2): 65-69.

300多所发展到2002年的552所,已占全国普通高校总数的40.95%。此外,高等教育也逐步成为地方经济社会发展水平的重要标志。各地政府纷纷把扩大高等教育规模列入本地经济社会发展规划指标。以深圳、珠海、宁波、青岛、扬州、常州等经济较发达城市为例,从高等教育毛入学率来看,这些城市"十一五"末(2010年)的目标均要求达到35%以上,特别是常州要求高等教育毛入学率达65%,远远高于国家"十一五"期间高等教育事业的主要目标(21%)。地级市政府扩大高等教育规模的举措,大大加快了我国高等教育大众化的步伐。

2. 推进政产学研合作

在发展经济逻辑下,地方政府成为产学研合作的有力推动者。因而,高等教育从单纯的产学研合作进一步拓展为政产学研资合作。产学研成为高校服务地方经济社会的重要途径,同时也是高校可持续发展和创新发展的必由之路。如,广东省政府于2008年与科技部、教育部联合制定了自主创新规划纲要,深化省部合作大力推动产学研结合工作。常州市以科学发展观为指导,积极实施"科教兴市"和"人才强市"战略,以培育战略新兴产业和提升优势主导产业为目标,进一步探索实践"经科教联动、产学研结合、校所企共赢"的科技创新模式,充分发挥企业主体作用,加强产学研合作,加快引建高端研发机构,加快引育高层次人才,加快技术转移和成果转化,建立和完善引领产业转型升级的区域创新体系。宁波市通过建设研发园区,鼓励引进以企业工程(技术)中心为主体的各类研发机构,搭建资源相对集中的科技创新服务平台,顺应企业快速发展和块状经济竞争力提升的客观需求,有利于引进和集聚各类高层次的科技人才以及各学科专业人才的交流和合作,有利于充分提高各类研发设备、设施的利用效率以提供各类专业化的检验检测服务,更加完善优质的科研政策政务服务,从而进一步构建以企业为主体的区域创新体系,提高科技自主创新能力,加快推进产业结构优化升级和经济增长方式转变,促进宁波市经济社会全面、协调和可持续发展。地方政府之所以能推进产学研合作,是因为地方政府是地方经济社会发展环境的营造者、维护者,又掌握着诸多职权和经济社会资源,有条件有能力成为推进产学研合作的重要力量，并对产学研合作进行引导和规范。所以，地方政府是从建设投资环境、产业政策角度来支持引导高校产学研工作的。

3. 创新大学形态

随着高等教育对社会经济的促进作用不断加大，高校所在地政府成为高等教育真正的利益相关者。所以，地方政府很自然成为高等教育改革发展的积极推动者，尤其在高等教育服务地方经济社会方面。因此，客观上，地方政府在我国高等教育创新方面发挥强有力的推动作用，特别是当中央政府难以决策不宜表态的时候。相对中央政府而言，地方政府支持高等教育创新具有以下优势：第一，制度创新信息优势，经济发展逻辑使地方政府能把握制度创新的预期收益；第二，社会政策配套优势，地方政府的支持能较好地降低风险和成本。事实证明，地方政府已经成为我国大学形态多样化的有力支持者。改革开放以来，随着经济迅速发展，在部分地方经济快速发展与高等教育滞后发展的矛盾日益加剧，高等教育国家化传统发展模式难以化解这一矛盾，社会化发展模式自然成为一部分发达地区发展高等教育的重要途径。伴随社会化发展模式的发展，新型的大学形态产生了。例如深圳市在面向创新型城市建设中，巨资创办南方科技大学，这必将对我国大学制度创新产生积极影响。又比如宁波市，在省市政府大力支持下，为引进国际优质高等教育资源，成功创办了国内第一所中外合作大学——宁波诺丁汉大学，它不但对我国高等教育国际化产生重要影响，而且作为一种新形态大学也丰富了我国大学制度建设与实践。目前，在宁波共有 16 所高等院校，从办学体制、管理体制和办学特色看，形成了独特的高等教育生态结构。为了探索高等教育与经济社会互动模式，宁波市政府在 2005 年提出构建服务型教育体系，创建了一批应用型专业人才培养基地、服务型重点专业等新载体，以探索高校学科专业服务产业企业的实现方式。构建服务型教育体系不但是地方发展高等教育的新探索，而且也是高等教育与经济、产业结构耦合的有益尝试。面向地方优势产业、新兴产业和高新技术产业，立足学科、专业与产业之间的内在联系，建立了多种类型的"学科－专业－产业链"，对于高等教育学科专业制度创新也有十分重要意义。

4. 形成"园区化"发展模式

1999年夏,各地政府看到了中国入世后社会对扩大高等教育规模的急切需求,认识到高教发展在未来中国经济社会发展中的地位,从而抓住解决"高校扩招、校舍不足"的瓶颈问题,顺应教育资源重组整合的大趋势。据统计,截止到2003年12月,全国已建和在建的大学城有54个。据称,浙江省的5个大学城规划用地面积达2240公顷,南京市更是宣布投入50亿元巨资,打造全国最大的仙林大学城。这一现象的背景是高等教育大发展,前提是科教兴国战略实施,契机是各地城市化进程加快等。"这是许多新兴城市发展高等教育的必然选择。对于高等教育起步较晚的城市来说,要在短期内改变落后面貌,实现高等教育大众化,走常规发展道路已经不可能,必须走跨越式发展道路。而园区化模式是实现高等教育跨越式发展的有效途径。"可见,地方政府对于创建高等教育园区化模式发挥了重要作用。首先,它是有效配置资源的重要形式。在政府科学规划的指导下,综合运用土地、财税、金融等各种政策措施,为扩大高等教育投资提供了有利的制度环境。浙江省高教园区建设共投资100亿元。宁波高教园区总投资为40亿元,其中1/4为政府投资,其余为社会投资。地方政府投资又起到了示范带动作用。其次,它是提升高等教育功能的重要手段。如宁波高教园区建设提出"集教育、文化、旅游、生态于一身的多功能高教园区";深圳大学城定位高,是集教育、研究于一体的高教园区。随着高等教育进一步发展,在人才培养、科学研究和社会服务等基础功能上,一些诸如经济、文化、城市化等新兴功能伴随园区化模式而产生。从而发挥了高等教育对于经济社会的综合作用。第三,它是大学制度创新的有益探索。有些地方高教园区内各学校之间已实现互选专业、课程等,出现了一些"教学共同体";还有些地方高教园区与开发区、高新技术园区两区互动等,有效推进了高等教育产学研一体化的进程。2009年常州市大学科技园以具有较强科研实力的大学为依托,将大学的综合智力资源优势与其他社会优势资源相结合,为高等学校科技成果转化、高新技术企业孵化、创新创业人才培养、产学研结合提供支撑平台和服务。

服务型区域教育体系的实现路径[①]

服务型区域教育体系的实现路径就是其实现方式的选择。综观我国高等教育服务经济社会的现状,我们认为需要从三个层面加以考察:一是要加快实行区域高等教育转型;二是要创新校企合作模式;三是要切实变革政府管理行为。

一、地方高校转型发展

所谓转型发展,就是要使地方高校的运行发展与教育的服务属性相符合。地方高校的这种转型包括办学理念、发展战略、办学定位、学科专业结构、人才培养模式、师资队伍建设以及学校内部管理体制机制转型等。通过转型,地方高校增强了服务地方经济社会的能力和实力,使自身的运行发展始终遵循服务地方经济社会这一要旨。

在办学理念上,地方性、应用性、服务性应当成为地方高校办学理念的内涵特点。地方高校的发展,必须与区域经济发展实际、区域经济结构紧密对接,并且对其变化迅速作出反应。

在办学定位上,其办学目标定位,应是侧重培养服务地方经济社会的应用型人才;其办学类型定位,应是以教学为主、教学科研并重的教学科研型大学。这种科研需要注重研究经济社会提出的现实问题以及科研成果的转化,推进面向区域的产学研合作;其办学特色定位,应体现在长期办学过程中形成的适应经济社会发展需要,符合人才培养发展规律,有利于自身生存和发展的独特办学特征。

在学科专业设置上,要突出应用性学科建设,强调专业设置与行业发展对接,并实现由线型向多型、由散型向聚型、由平型向立型、由单一型向多元型的转变;要建立学科专业设置的市场评议机制、学科专业

[①] 摘录自华长慧. 服务型区域教育体系的功能及其实现路径 [J]. 教育研究, 2013, 34 (6): 52-58.

结构主动耦合区域产业结构机制、区域特色人才培养平台的市场适应机制和学科专业自我调节与更新机制。

在人才培养模式上,要逐步形成以适应经济社会需求为主线的人才培养目标;以适应区域经济社会发展需要为基础的课程体系;以培养应用型人才为导向的实践教学平台;以就业为参照的人才评价制度。

在师资队伍建设上,既要强化师资队伍整体发展规划,又要落实教师个体成长规划。从整体上看,师资队伍建设既要体现地方性又应具有国际性;既有超前性又有现实性;既要注重专业要求又要注重师德标准。从教师个体分析,教师要主动适应社会需求,教师的实践要从单一教学向教学技能转型,教师的研究要从基础研究向应用和开发研究转型,教师的教学方法要从传统教学手段向现代教学方法转型,教师的治学要从简单重复向求精创新转型,等等。

目前,地方高校组织目标不明确,管理体制机制不健全,因此,需要重构组织目标,构建地方现代高校制度,创新管理体制机制,调整内外关系,尤其要调整地方高校与外部经济体之间的关系,发挥地方优势,倡导校际联合,形成综合优势。

二、创新校企合作模式

我国校企合作的发展,始于20世纪20年代。20世纪40年代到80年代是校企合作的发展期,校企合作形式发生了根本性的转变,职业学校从企业分离,自成体系,学校成为教育主体,校企合作由企业为主变为引企入校。20世纪90年代至今,进入政府主导的校企合作快速发展期,从组织形式、培养方式、校企合作紧密程度三个维度积极推进校企合作。服务型区域教育体系的校企合作,以区域经济社会发展和人才培养需要为合作的主要取向。

构建服务型区域教育体系的校企合作模式,体制机制的创新是根本。其中,政府是突破校企合作体制障碍的关键因素,政府要在发挥校企合作体制创新中的引导作用。学校是校企合作体制创新的实践主体,学校要通过创新校企合作管理模式和运行模式来实施，要在合作过程中发挥主导作用。企业是校企合作体制创新的重要推力，要发挥企业的主体作用。校企合作机制主要由政府导向机制、市场运行机制和政策保障机制构成，政府、企业和学校在机制创新中承担着不同责任。政府是校企合作机制创新的推动者，重在构建校企合作的保障机制；学校是校企合作的主体，通过创新合作平台，在机制创新中发挥主导作用；企业则通过担任专业建设委员会成员、提供科技需求和岗位需求信息和人才需求规格等方式发挥助力作用。

在校企合作的途径选择上，一是学校要把校企合作作为提高人才培养质量的重要途径，企业要把校企合作作为提高企业发展水平的重要依托，要营造全社会支持校企合作的良好氛围。二是学校要深入开展校企合作实践，把校企合作的深度作为衡量专业建设水平的重要指标，重点学科、专业要致力于与规模企业的深度合作；出台鼓励教师积极参与校企合作的政策，让教师带着项目深入企业实践，帮助企业解决技术和管理问题，提高企业的合作积极性。三是要通过提升科技服务能力、共建技术研发中心、开展社会培训以及员工培训等措施，构建双赢的校企合作长效机制。

必须提供坚实的校企合作政策支撑。在国家层面，要大力鼓励校企合作。目前国家的校企合作政策大多属于宣示性、号召性政策，政策细度不够，很难执行。因此，国家应该为校企合作立法，明确不同主体在校企合作中的责任；在地方层面，地方政府正在大力开展校企合作的制度建设，政策推动力在不断加大，进而所需要的是出台操作性强的政策，特别是对企业的优惠政策以推进校企合作；学校则要通过制度创新，提高教师参与校企合作的积极性和主动性。以浙江省宁波市为例，2002年以来，在服务型区域教育体系下校企合作的实践中，宁波出台了《宁波市职业教育校企合作促进条例与实施办法》；搭建了每年一次的大学校长与企业家论坛平台，开展优秀产学研案例评选，对优秀案例进行奖励，推进企业和高校的合作；创建了共建研发中心模式、政府学校企业共建产学研基地模式、共建生产性实训基地模式、订单培养模式以及"政府、企业、学校"共建、共管、共享的产学研合作模式等。这些做法对于提高人才培养质量，增强学校服务经济社会能力产生了明显成效。

三、变革政府管理行为

构建服务型区域教育体系不仅是一种学校行为，而且应该是一种政府行为。在服务型区域教育体系条件下，改革政府对区域高等教育的领导与管理行为带有根本性。这是一种由领导转变为服务，由管理转变为引领的重大变革。政府行为的引领主要有以下几个方面。

一是观念引领。服务型区域教育体系的构建需要政府从原先的领导角色转变为服务角色，从以前的管理位置转变为引领位置。政府要用以人为本的观念、学会学习的观念与成人成才的观念，来引领各级政府、教育单位和各类教育从业人员，以明确的目标、坚定的信心，推动教育改革。

二是需求引领。需求引领就是回答学校存在的基本原因、解决学校生存和发展的动力问题。现代学校的生存和发展受到众多需求因素的共同制约与交互影响，诸如经济社会的客观需求、科学技术的发展需求、学术研究的自身需求等，我们不能仅仅重视某个方面的因素，而忽视另外一些方面的因素。政府的需求引领就是通过梳理学校各种需求，根据轻重缓急解决学校需求，有所为有所不为，从而促进学校发展。

第三是管理引领。就是促进大学在现行领导体制下的有效管理。地方高校可以试行党委领导下的校长治校、教授治教和学生治学的管理架构。校长治校的行政管理架构，就是构建起以校长为主帅、行政人员为骨干、教辅人员为协助的校院两级纵横有序的行政管理团队。在教学上实行教授治教，是建设中国现代大学制度的一大亮点。教与学从来就是将课程转化为学生素质、使知识迸发出智慧火花、让难题激励着真理发现的一个特殊认识过程。所以，学生治学的学习管理架构建设更是改革和建设现代大学管理架构的最终落脚点。在校长治校、教授治教前提下，学生们自我制订学习规划，自我调整学习态度，自我选择学习内容，自我决定学习方法，自我管理学习效果，自我检查学习质量。

第四是规划引领。规划引领是为了解决教育的生存和发展方向问题。地方各级政府通过研究、制定和实施教育事业发展规划，准确定位教育发展的功能和目标，明晰办学数量、招生人数、教师编制、校舍建设、设备设施等投入状况的总体规定，有效引领教育提升的路向和策略；教育质量发展的规划引领是要将高度重视教育质量的重要性作为一种共识，科学制定教育质量发展的评估体系，制定促进教育质量提升的有关政策规定，高度关注教育质量发展的实际情形。教育改革发展的规划引领是使教育坚持与时俱进，不断改革创新，适应社会发展和自身发展。因此，要加强和改善政府对教育工作的领导，扩大人民群众对教育事业的知情权、参与度，鼓励和支持教育科研人员坚持理论联系实际，增强规划的科学性，提高规划的约束力。

第五是投资引领。投资引领是为了解决教育生存和持续发展的资金投入与经费保障问题。服务型区域教育体系要求通过建立和健全投资引领机制，理顺教育经费的复杂关系，明确教育投入的经济社会意义，解决财务管理中的诸多疑难，确保教育投入的有效性。投资引领的关键是明确政府责任制，政府通过扩大教育行政经费拨款的力度，制定和实施不同教育阶段、不同学科专业、不同科学研究领域的经费政策、资助制度与重点扶持等规定，来调动社会各界的教育投入积极性，逐步建立一个投入足额、匹配恰当、结构合理、充满活力的教育投资制度。

第六是督导引领。教育督导是专设行政机构和人员根据有关教育法规和政策，对下级政府行政部门的教育工作和学校的教育、教学和管理工作等进行监督、检查、评估、指导的活动。由于教育督导制约着一个国家和地区教育立法的全面性、整体性与合理性，影响到这个国家和地区教育经费的投入量、保障度与有效率，所以，服务型区域教育体系政府行为的督导引领，更具有重要而深远的理论、实践和现实意义。教育督导就是要通过督政、督教、督学，使地方高校遵循教育规律，更好地履行服务经济社会的职能。

以绩效评价促进宁波高等教育质量体系建设的实践探索①

一、高等教育绩效评价思路

1. 宁波高等教育绩效评价体系的建构以战略管理理念为指导

对高校开展绩效评价的目的是提高高校的办学质量,而战略管理理念对高校的发展和质量提升起着引领作用,因而宁波高等教育绩效评价体系聚焦于高校的战略管理,把学校的战略管理作为提升学校办学质量的杠杆,其中又把学校的战略定位和目标作为开展绩效评价的核心关注点,通过考察学校战略举措的选择以及战略目标的实现程度来衡量高校的办学绩效水平。

2. 宁波高等教育绩效评价体系以循证为依据

宁波高等教育绩效评价不拘泥于建构一个统一的指标体系,而是尽可能充分利用社会或政府已有的对高校的评价结果,即充分利用已有的一些比较有影响的对大学的社会评价结果,也可以参照省级及以上教育行政部门的各项评价结果,对高校进行二次评价。并基于循证的思路,鼓励学校提供能够充分反映和支撑各项指标的材料,或者提供能够充分反映和支撑学校办学情况的材料。

3. 宁波高等教育绩效评价体系以关注绩效为重点

宁波高等教育绩效评价比较注重被评高校办学绩效的突显,关注学校在战略规划实施过程中所产生的成绩和亮点,这些成绩和亮点并不只是通过财政性的数据来呈现,更关注高校的发展。如高校在社会声誉、

---

① 摘录自胡赤弟,闫艳. 以绩效评价促进质量保障:高等教育质量保障体系建设的宁波实践[J]. 中国高教研究,2017(12):67-70.

毕业生质量、科研产出等方面的突出表现，鼓励高校提供对学校办学绩效起到积极影响的、能够全面反映和证明学校办学绩效的材料，这样，学校可以在全面梳理经验、总结办学成效的基础上，进一步促进自身发展。

二、基于平衡记分卡的高等教育绩效评价指标体系

平衡计分卡，就是基于平衡和发展的理念，强调高校短期目标和长远目标、经济目标和非经济目标、发展和稳定之间的平衡，关注高校自身的可持续发展能力和潜在价值创造能力。把发展置于高校办学的中心地位，将高校的战略目标转化成绩效评价指标，并将高校每一位师生的行为与这些目标联系起来，使高校的战略管理与日常管理相连接，使高校的战略规划得以在日常工作中得以落实，从而实现高校的不同阶段的发展目标。

基于战略导向下平衡积分卡的思想，宁波高等教育绩效评价指标体系构建时借鉴了平衡记分卡"效益与功能、内部管理与外部管理、学习与创新"的分析框架，又结合宁波高校的实际，围绕学校的战略定位和战略目标，进一步选取有利于实现这些目标的关键性指标，从"办学影响力、办学能力、关键举措、组织变革"方面进行一级指标的构建，并构成相互循环的逻辑关系：高校办学绩效必然体现为一定的"办学影响力"，办学影响力需要高校的"办学能力"来支撑，办学能力则需要一定的"关键举措"来落实，而关键举措的有效实施又需要规则、制度等"组织变革"的因素来实现。进而根据关键性因素的分析对一级指标进行分解，来建构二级指标。其中，"办学影响力"下设"综合影响力、满意度和重大工作推进情况"3个二级指标；"办学能力"下设"学校竞争力、资源获取力"2个二级指标；"关键举措"下设"学科专业建设、人才引进与培育、学生学业发展、国际化"4个二级指标；"组织变革"下设"发展目标与杠杆、管理队伍建设、学校战略规划执行情况"3个二

级指标。

而三级指标不做统一要求,主要由自选指标和推荐指标构成。其中,"自选指标"是由各高校根据自身办学特色自行选定的评价指标;"推荐指标"主要是从专家推荐的指标库中选择的评价指标,如对"办学能力"专家推荐的三级指标为"省级及以上教育行政部门评价、学校特色建设成效、社会捐赠、技术服务年收入"等。

后 记

宁波市区域高等教育多样化发展的案例不但提供了地方政府如何参与高等教育发展的示范,还提出了各级政府公共事业治理功能的区分联系,是处理好政府与社会关系的样本,具有重要的启示意义。

第一,厘清中央和省级政府的举办者和管理者角色定位。中央和省级政府管理者和举办者并存的身份,使得管辖范围内高校不能恰当地区分这两项职能。由于两级政府是举办者,分配资源时都尽量配给各自举办高校,但因政府同时兼有管理者身份,不同隶属关系的高校并不完全认同其资源配置方式,往往被认为有失公平。因此,应该厘清中央和省级政府的举办者和管理者角色定位,促使国家重大政策适用于所有高校,项目性资源配置以竞争为主,打破身份界限,面向所有高校,采取第三方评估方式,使项目由水平高者获得,让竞争机制真正发挥作用,促进不同属性高校都能办出特色。

第二,充分发挥地市级政府积极性,鼓励探索高等教育治理新模式,由单一行政管理向治理服务的角色转变。中央、省级、地市级政府在高等教育治理过程中的动机和方式存在明显差异,地方政府对高等教育发展有着自身利益诉求。基于本地社会经济发展的宏观战略需要,地方政府以协商的方式,将域内不同类型高校纳入一个由政府搭建的公共治理平台,形成相互支持、相互促进的共生格局,而不是上下级行政管理关系。在涉及资源配置时，地方政府有更大积极性采取开放姿态，更易发挥区域内企业等各方力量的优势，与各类高校合作，形成高等教育与经济社会发展良性联动的局面。

第三，在高等教育公共治理新模式下，地市政府应以市场调节为原则，尊重个体化差异，以合作协商方式采取多元化的治理手段进行宏观管理。我国高等教育体系的治理生态环境正在发生巨大的变化，其中最主要的变化趋势就是，高等教育的发展情境由单一的政府行政管理主体向政府和市场双主体共同作用变化，并最终趋近于"以市场为主，政府仅仅变成另一个购买主体"①。在这样的治理生态发展趋势下，市场调节会成为区域高等教育多样化发展的重要基础，而地方政府则需要打破公私、隶属层级等行政界限，根据各个主体的个体化需要，采取一事一议、财政、政策宣传与动员等多样化手段实现宏观管理和协调。事实上，这也对公办高校自主管理能力提出更大的挑战，高校也要逐渐适应出政府附属管理部门向自主发展主体过渡的趋势，从而顺应市场发展和社会需要。

---

① 刘亚荣. 寻找推进高等教育公共治理的突破口 [N]. 社会科学报，2014-06-12（改革实践）.